典范苏州
社科普及精品读本

街巷里弄

里弄

—读城—行走苏州—

谭伟民 著

中国·苏州

古吴轩出版社

总序

范小青

当我睁开眼睛，学着看世界的时候，我认识了苏州，认识了苏州人。

小时候，苏州很大，怎么也走不到边，八个城门，就像八个遥远的童话。长大后，苏州变了，不复存在的城门成了永久的记忆。

几十年来，我一直在写苏州，只有写得好与不好的区别，不存在写与不写的问题；只有写不够的饱满感觉，绝无不想写的丝毫念头。

确实，苏州是永远也写不尽的。

我熟悉苏州的一草一木，老城区的每条巷子，城外的每处山水；北边的阳澄湖，西边的太湖。人们在这座城市恬静安乐地生活，这种生活本身就说明了这座城市的不凡。

然而，一代又一代的人，还是忍不住要记下苏州究竟有多好。

因为苏州的独特的好，从古至今，住在苏州的，来过苏州的，甚至只是听说过苏州的，都要忍不住为她写点什么。

只是，一旦提笔，就难免会觉得，大家已经写得够多的了，持续的书写还有意义吗？但同时立刻又会想到，我们之所以能看到今天的苏州，能更深地理解苏州，不都是因为前贤们留下来的一字一字、一书一书、一碑一碑？

所以，记录总是有意义的。

何况是记录苏州。

从伍子胥建城至今，苏州古城有两千五百多年的历史了。再把时间往前推移到泰伯奔吴，岁月的线索就拉得更长了。而有实物考证的历史，比传说还久远，太湖三山岛遗址、唯亭草鞋山遗址，都见证了中国最早的文明。

大家都说苏州城秀美，物阜民安，文化丰饶。其实苏州未尝没有经历过天灾人祸、兵荒马乱，只是这里的人，总是能很快在废墟上重建辉煌。这份坚韧和刚毅，才是最值得我们骄傲的。

面对历史积累下来的无数辉煌，苏州市委宣传部、市社科联和古吴轩出版社联合编辑出版的这套《典范苏州·社科普及精品读本》，选用了一种很特殊的方式来介绍苏州灿烂而独特的文化：听声、读城、博物、品味、识人、传道，六个系列，声色指间，可听可感地把苏州文化娓娓道来。

典范苏州，其沉淀、传承与创新的文化，在中国甚至在世界文化领域都具有一定的代表性、独特性、丰厚性以及它们的传承性和创新性。这些典范特征不仅体现在特色鲜明的物化形态上、门类齐全的艺术形态上，还体现在文化心理的成熟、文化氛围的浓重、文化精神的彰显等诸多方面。可以说，这套丛书所选主题、所涉内容都充分展示了这种典范的特性。

虽然同样涉及昆曲评弹、园林山水、年画刺绣、名贤廉吏等，但这套书和之前出版的一些介绍苏州文化的丛书相较还是颇为不同、富有创意的。图片多，文字又多以散文笔法呈现，读起来轻松，有亲近感。用这样的方式来介绍苏州的典范文化，把那些遥远的传统，更明了更具象地普及到我们这个时代的人们面前。作为一套普及读物，丛书编纂不仅邀请了一批经验丰富的吴文化专家坐镇，还请来一批来自高等学府的青年学者、来自中国作家协会的专业作家，以及一部分崭露头角的青年作者共同助阵。组建这样一个知识体系和年龄层次都比较全面的作者梯队，是希望做到吴文化的有序传承和创新发展，为各年龄阶段的大众读者呈现一个新鲜的、全面的、美丽的苏州。

在这里，典范将一一亮相：《昆曲》，一声缠绵低吟，是苏州人的精致优雅；《古典园林》，文人信步，是苏州人的闲情潇洒；您再走走，《街巷里弄》都藏着故事，您也许就能在巷陌遇见一位唐宋走来的名贤，或是一位抿着笑意的明季才女……其他每一册也有诸多亮点。其中较为特别的，是"传道"这一个系列。《家风》《学风》等都是十分重要的苏州文化内容，影响深远，关乎时代命题，是新的文化使命，把这些内容包含进来，也是《典范苏州·社科普及精品读本》的一个新的探索。

党的十九大报告指出，要加强文物保护利用和文化遗产保护传承，要坚定文化自信，推动社会主义文化繁荣兴盛。《典范苏州·社科普及精品读本》的编纂出版过程，是提升城市文化自信的一个具体的实践。所以，无论是像我这样的老苏州人，或者是想了解、想融入这个城市的新苏州人，都不妨来读一读，或者您就是苏州的一个过客，甚至您只是在诗文戏曲里到过苏州，都可以从这套丛书中欣赏到苏州的诗意景象、文雅风尚、历史积淀、时代风貌，如同身临其境，一定能够真切体会身在苏州的骄傲和自豪，深切感受对于中华文化的自信和热爱。

全晋会馆

中张家巷

要离

邵磨针巷

瓣莲巷

曹沧洲

城隍庙

王洗马巷

魏了翁、程德全

书院巷

枣市街

梁红玉

自春秋时期建城以来，苏州古城历经了两千五百多年的风雨沧桑，但苏州街巷的格局基本未变。热闹繁华的大街、人文荟萃的小巷、市井生活的里弄、坚守百年的桥梁、养人养德的水井都是苏州古城街巷的重要组成部分，它们与苏州的小河一起，将苏州的古典精致发挥得淋漓尽致。

潋浴

混堂弄

皮场大王庙

盛家浜

宝带桥

王仲舒

五人墓

山塘街

書伯虎

桃花坞大街

阊邱坊巷

五爱堂

双塔、贡院

定慧寺巷

芸娘

仓米巷

花街、柳巷

薛素素、沈九娘

街巷里弄关键词

大街小巷　市井人家

支遁

饮马桥

况锺

乐桥

福寿泉

朱鼎彝

目录

君到姑苏见，人家尽枕河。

古宫闲地少，水巷小桥多。

——唐·杜荀鹤《送人游吴》

人一生中有两样东西是永远不能忘却的，这就是母亲的面孔和城市的面貌。

　　　　　　　　　　　　　　——土耳其诗人纳乔姆·希格梅

　　这里，是拥有两千五百年宏大建城史的古城，创新致远，深厚历史沉淀出丰富而宏阔的人类经济文化样本；这里，是五方汇聚、人杰地灵的东方水城，兼容并蓄，是马可·波罗与历代名士叹为观止的"人间天堂"；这里，是充满生命生活智慧和趣味的桃源，崇文睿智，是华夏文明市井与庙堂传说辉映的"心灵后花园"。

　　同一个物理意义上的存在，但苏州却有着三种微妙不同的形象。在历史典籍里，"他"是履历骄人、曾称霸春秋、紧扣明清帝国经济命脉的"江南第一雄州"；在文人墨客笔记诗词里，"她"是风情万种、飘落一川风絮、万树桃花月满天、夜半钟声到客船的烟雨江南；而在市井生活中，"它"带着古代民众对自然、生命变幻莫测的奇想、祝福，以及洋溢着中华民族传统道德观、文明观。"文以载道"特色的传说，编织成繁花杂沓、瑰丽多姿的"神话姑苏"。

　　也许，只有将这三张各有风致的画面合为一体，才能从文化上真正

井

平地菑凹，地下涌泉，是为井。井的存在，比城市要早。井的历史，比社会更深。

桥

一种架空的人造通道，由上部结构、下部结构和基础三部分组成。

牌坊

封建社会为表彰功勋、科第、德政以及忠孝节义所立的建筑物。也有一些宫观寺庙以牌坊作为山门的，还有用来标明地名的。

庙堂

原指太庙的明堂，古代帝王祭祀、议事的地方，后也指庙宇。财神庙、城隍庙等等，都在市井生活中扮演着重要的角色。

理解苏州的气质、形象；而这个复合的形象，不仅属于历史、个人和民俗神话，更带着一种鲜明的现实主义传统，属于今天，洞见未来。在这个画面里，你会看见名臣况锺断"十五贯"案，化身城隍的"战国四公子"之一的春申君黄歇穿越时空来相帮；喜欢下江南玩乐的乾隆皇帝总被各种苏州小吃"笑话"；命运多舛但为后世留下文墨的唐伯虎，老百姓就愿意许他一个温柔的秋香——牢牢把握人民群众对美好生活的向往的人，这座城市永远不吝以最高的规格礼遇他（她），德、行、言在市坊桥巷里永远回荡，让他（她）和这座城市一起不朽。

苏州是江南吴文化的发源区域，苏式文化与生活，在世界文化时空中特立独行。岁月在她身上仿佛失去了使她衰老的魔力，虽时光白驹过隙，却历久弥新；所有过往生活记忆，都不曾消退，反而如竞放的花朵，在同一时空中重重叠叠，活跃地呈现出一幅灿烂而繁密的"盛世滋生图"。

数不清的士、农、工、商，经济、文化、民俗、信仰……苏州本身就是一部异常丰厚的百科全书，那么，用什么来串联这座城市的传奇？

街巷。

唐、祝、文、周从这里走过，留下如黛苍翠的笔墨云烟；居易、东坡在这里盘桓，抒发居庙堂、处江湖而忧乐国计民生的哲思。这里又是中

街
两边有房屋的、比较宽阔的道路，通常指开设商店的地方。苏州的古街，和这座城市一样历史悠久，一样晶碗、秀气、雅致。

巷
城中的胡同，相对街而言，直为街，曲为巷；大者为街，小者为巷。苏州的小巷是苏州另一个密码。

里弄
又叫"巷弄"，指城镇或乡村里主要街道间比较小的街道，如毛细血管，一直通向城市肌体——居民区内部。

市
市场的简称，买卖商品的场所，把货物的买主和卖主正式组织在一起进行交易的地方。

国最具代表性的民俗生态地之一，爱清供、喜节庆的民众将市民文化发展到了极高的水平⋯⋯

如果说苏州是一个坐看云起生生不息的生命体，那么贯穿城市的街巷就是使其挺立历史潮头永远不衰的骨骼与经络血脉；如果说苏州文化就深埋在我们此刻站立的脚下，那么如古藤老根一般将其细密串连的，就是古城这一千多条街巷。当我们顺着这些疏密有致、纵横交错的根脉细细探求，推本溯源，那些原本看起来错综复杂、灿若繁星的苏州文化生活断章，便在这里一一理顺、拼贴，开始现出它们最本源的灵魂⋯⋯

来吧，追随日光和烟雨的脚步，走进苏州街巷。求索的脚下，是重叠了两千五百年历史的文化沉积岩。是的，我们站在风流才子唐伯虎的脚印上，我们坐在历史开创者泰伯的身边，我们与白居易、苏东坡、皮日休们一起穿大街过小桥，看着小荷才露尖尖角，听着风吹春柳万千条⋯⋯我们就这样走进关于苏州历史文化"小径分叉的花园"——你将看到，关于我们文明的历史，不是尘封于博物馆展室的古董，更不是炫耀于外人的装饰，而是一种延续千年生生不息的生活方式——你将看到历史真实、文化叙述、人性传说是如何巧妙而富有尊严地共处一时一地，安静而充满灵性地谱写着关于东方文明的传奇史诗。

长街灯火

　　苏州的古街，和这座城市一样历史悠久，一样温婉、秀气、雅致。平江路的史话钩沉、观前的繁华市井、山塘街的风情民俗、桃花坞大街的传奇人生……时光好像在这里驻足，故事仿若昨日发生，而原汁原味的苏州生活，仍在继续。

平江路：昨日的苏州，今朝的相思

从古至今，苏州有很多名称。宋代时，苏州称平江府，平江路由此得名。作为苏州东半城曾经的主干道，这条傍河小路被清晰地刻在宋代《平江图》上。

平江路北接拙政园，南眺双塔，长一千六百零六米。八百多年沧海桑田，不但没有销蚀原本的河流形态、街道建制，反而分明地保留着"水路并行，河街相邻"的水巷格局。沿街老宅含蓄地隐藏在木门板后，旧时堂前燕过痕迹宛然，乍看时光还在往昔，只有格外精致的雕花门廊告诉来者，这里已是今人寻找古典情怀的所在。

平江路两侧支巷多历史悠久，如狮林寺巷、传芳巷、东花桥巷、曹胡徐巷、大新桥巷、卫道观前、中张家巷、大儒巷、丁香巷、胡厢使巷、肖家巷、钮家巷、悬桥巷……每条巷子，都藏着耐人寻味的故事。

"胡相思巷"的"胡乱相思"

马可·波罗曾说，苏州是一座地上的天堂。

相比于传闻中不染纤尘的天上街市，地上的人间烟火更让人热爱。那些寻常人家的悲欢离合、相思相守，已经深深浸润在大街小巷当中，给两千五百年异常厚重的建城历史带来一丝充满人情味的、温润的绛红色。

这就是"胡相思巷"。

实际上，"胡相思巷"是苏城日日繁衍的生民们口头'百姓地图"中的一条线条摇曳的小巷。在官方地图上，它仍然属于一个宋代官员"胡厢使"（"厢使"即厢官，是厢都指挥使的简称，为宋代官制）的荣誉——胡厢使巷。

不过，虽然这位贵人官阶已经达到"厢使"，但他的名字、样貌、财富或者影响力早就在典籍和人们的记忆里褪色——政治、权力在街头巷尾的生活细节里离人们太过遥远和生硬，而属于人的柔软内心的故事，却弥足长远。

《吴县志》记载："（该巷）原名胡厢使桥巷，俗名胡相思巷。"在老百姓的口耳相传中，胡相思巷引发着我们关于一场爱情悲剧的嗟叹。

这条巷西起平江路，东至内城河。巷南就是胡厢使河（自然，民间也叫它"胡相思河"），西通平江河，东连内城河，蜿蜒五百三十米的水上，宋代建立的北开明桥和清代建造的唐家桥、中家桥三座古老的小桥似小虹卧波。无论今天平江路多么熙攘热闹，胡厢使巷依然曲径通幽，在繁华中开一个花草盈盈的缝隙，让我们像穿越时空的爱丽丝，走进历史的仙境。

关于爱情命名的传说是这样的：

相传，明朝末年，当年还叫"胡厢使巷"的小街中，住着一户归姓富室。归家有一位千金，品貌俱佳。然而不幸的是，这位小姐爱上了日日为家中送菜送果的年轻后生。归家老爷得知后，决定为这段不可能的爱情尽早地画上句号，就换了一名中年妇女前来送菜。归家小姐苦等心上人无望，得知真相后不能忍受，于是跳入院内水井自尽。据说从此这条小巷就被人们改称为"胡相思巷"，怜惜之情溢于言表。

虽然这个典故不容易考证，但从文本来看，可能性是有的。因为事情细节太过真实，真实到有些残酷，没有多彩的想象，没有善恶相报，没有化蝶春梦，呜咽一声，扑通一声，结束，没有留一点空间给凄美和传奇。四百年前的中国，女性是不自由的，不要说掌控爱与婚姻，连人身自由和生命都可能被随时剥夺。

法国历史学家雷蒙·阿隆说：历史是由活着的人和为了活着的人而重建的死者的生活。一个"胡相思"，给了这个巷子一种淡淡的人性之爱，一丝丝跨越历史的怜惜。人们让悲剧的记忆停留在巷子里，然后将美好的祝愿交给想象力。汤显祖的昆曲《牡丹亭》里，杜丽娘为梦中情人而死而生，并不是作家的空穴来风。当丝竹袅袅飘散在巷中的时候，一段奇情引起真正共鸣，人人都会驻足。

于是，在苏州，问起老苏州人，是胡相思巷还是胡厢使巷？权力和政治是遥远的，爱情却人人都有，所以回答"是胡相思巷"的人多得多。

牌坊，一个"胜利"的女子

平江路上，一座贞节牌坊巍然耸立。

"节孝坊"，为一个叫高氏的女子而立。

从胡相思桥东首的胡厢使巷沿河东行，一座单跨石梁桥凌驾于河上，与唐家桥东西呼应，名叫中家桥。桥南小巷叫中家桥卷（原名财神弄），走到这里时，就能看见一座早就被风雨侵蚀了的花岗岩石牌坊。

圣旨，现在已经看不清楚，云锦仙鹤的雕刻花纹，现在也模糊得像一只秃了喙的水鸟。不到二十块的石头构件，没用一点现代黏合材料，很简单也很扎实地砌在一起——虽然左边飞檐下镇压的角石已经歪倒在一边，然而牌坊并没有倒，可见当年石匠的非凡手艺。

中家桥是清同治十年（1871）重建的，长八点一米，宽三米。巧的是，这座桥北东侧临河耸立的"为陶士龙妻高氏立"节孝坊石牌坊，也是同年建立的。这种古桥与古坊组成的景观，如今已是难得一见了。

《吴门表隐》里介绍得简单：胡厢使巷中家桥节孝坊，为陶士龙妻高氏立。

陶士龙是谁？后人翻检故纸堆才知道，他是个"吴中名士"，以书法闻名；至于高氏，我们至今都不知道她究竟是哪里人，有没有名字，更不用问她有没有姐妹，声音婉不婉转，爱不爱笑。

一个"吴中名士"，说不客气点，"吴中"就是偌大中华东南一隅而已，名不出乡里；但既是名士，生前自然会有点"名士风流"的清贫。一旦去世，剩下的，只能是年迈高堂，膝下幼子，一个足不出户的妻。

站在石牌坊下抬头，石梁上三个窝，两边是圆的，中间是方的。当年的牌坊，是有门的，圆的是装户枢的，方孔插门闩。

这个为了家人彻夜纺线的女人，实在太需要这样一扇结实的门了。

防火，防盗。冬天织机上的机杼似铁冷，仅有的棉絮都已经填进了老人的被子、孩子的裤脚，留给女人的，只有单衣。门，还能防风。

织的布，很难卖。因为女人是不能出门见男人的，更不能讨价还价。要求告，还需托了东家托西家，拐弯抹角，一匹布，才算卖掉，能挣多少钱？难上难。后人说，封建主义害死人，女人应当有自己的性自由；时代的局限，她们太可怜。

不要批评她。如果是现代社会，一个女人，死了丈夫，留下两个老人、一个孩子，你会不会改嫁？还会不会选择照顾老人？

当我们集中注意力在这个女人的感情生活或者性生活上，并争论得不可开交的时候，她恪守着所有社会守则——合理的、不合理的，她帮老人送终，帮孩子立业成家。

她赢了。

那个时代没有人是自由的。男人娶妻不是自己说了算，没有选择权；女人更悲惨，但是否因为没有自由，生活压力大，作为人的美德就可以被抛弃了呢？

奉养老人，抚育子女，没有错。

苏州的节烈妇人多。有人在家人逼嫁的时候一根一根烧掉了自己的手指，有人吞金自杀……

海特·怀登说，在我们观察历史的时候，必须认识到，"事实"具有虚构性。所谓的"事实"，是由论者的先验的意识形态、文化观念所决定的。

今天的我们，应当回到历史现场。

明清妇女守节，历来被认为是中国妇女被压迫的主要表现。郭松义研究文章《伦理与生活——清代的婚姻关系》表明，在节妇贞女最多的清朝，旌表的贞节烈女总数可能达到一百万人，未获旌表的人数大略与此相当。虽然今天看那些贞节烈女被剥夺了再婚权利，是一种对人权的严重侵犯，但是，在没有择偶自主权的时代，结婚则可能是另一种陷阱。

比如，清初著名文人李渔写过一篇小说叫《连城璧》，里面有一段特别耐人寻味的台词，说，阎罗王给恶人最可怕的惩罚，不是来生变牛变马，而是变女人，然后配给她一个不如意的丈夫，"白头偕老，一世受别人几世的磨难，这才是惩奸治恶的极刑"。如果女人嫁了不满意的丈夫，或者是再嫁了恶人，真正上天无路，下地无门——这，就是那个时代很多女性更加害怕的"婚姻陷阱"。

还有些改嫁的寡妇，是被家人贱价卖掉的，价钱只值一筐蛋饼——没有锣鼓，没有欢笑，再嫁是耻辱；也有不改嫁的女人，日子实在太苦，活不下去，只能求告到庵堂——而这条巷中，就有一个观音庵——明代大学士王鏊《姑苏志》里如是考证："观音庵，在贞三图胡厢使巷。宋淳熙年间，僧清一垦土得石像，因建。"这是当年苏州寡妇们走投无路后的归宿。

从这个意义上来说，"守节"倒可能为许多不愿再受包办婚姻之苦的妇女提供了最后的逃避方式。因此，含辛茹苦，一人勉力维持，是这些本来就没什么尊严的女人最后的尊严了。虽然可怜，但毕竟是一种"无法可依"的"自由"了。

当一个时代全体都在扭曲人性的时候，一个女人，在所有枷锁中顽强地生存下来，所有社会病态规范的压抑都没有灭亡她，难道她不应该赢得所有病态的、常态的人们的敬意？从这个意义上说，爱情悲剧中的归家小姐是不是封建的牺牲品？答案是是的。问题是，她死得有没有尊严呢？

道德畸形的牌坊，背后的故事，未必一定是畸形的。

山西"新苏州"，别样的晋商

中张家巷，真是一条寻常巷陌。

这条位于平江路南段东侧、西起平江路、东至仓街的巷子，名字无甚传奇——翻检资料，巷南一座跨越小浜的桥，名为张家桥，想必是某张姓人家出资修建或桥左近有大户为张姓的原因，巷子便因这座寻常小桥而得名。民国《吴县志》的记载也很平淡："南张家巷，今俗称呼中张家巷。"

记载寻常，然而寻常生活里却经常不经意地潜伏着历史的激流暗涌。

这条像拉洋片一样的街巷，一张张古旧的画面里，藏着大历史的雪泥鸿爪。就像说书先生一样，我们轻踱到中国昆曲博物馆和西侧评弹博物馆大门前。

关于中张家巷的故事，开篇恐怕要从一场蹊跷的苏州式"金融风暴"说起。

清道光八年（1828），作为当时世界级商业文化大都市的苏州城，物价文火煮水一样，慢慢上涨。

当"物价危机"露出苗头的时候，苏州城的官员发现，一向自认精通帝国经济的他们，对这次毫无防备的涨价，竟全然摸不到半点头绪——几年来，苏州一直风调雨顺，无灾无乱。明明太平盛世，物价怎会平白无故地涨起来呢？

今天我们看CPI（居民消费价格指数）升高那么一点点，大米贵一毛，隔壁阿婆都是要"肉疼"半天的；苏州官员和老百姓的担心有理，民生是大事，更何况这种不明就里的涨价风？

这里面有文章，谁给苏州下了套？苏州是大清国的荷包，荷包漏了大口子，连道光皇帝也慌了，责成立即调查。

苏州官员正头疼，千里之外的山西省一个叫平遥的小县城，一家商号门口却车水马龙，买卖越来越火。这家商号名叫日升昌。

日升昌的买卖，说来也不难理解，就是汇兑：你把银子交到它柜上，拿着由商号开出的汇票，到别的地方也能凭票再把银子取出来。粗线条说，就是相当于今天银行的部分差使，名字叫"票号"。说起来，日升昌也是中国第一家票号，解决的就是沉重金银往来的问题。如此方便买卖，大家当然欢迎了。

可是且慢，千里之外的一家票号红火，跟苏州大米、猪肉贵了有什么关系呢？

苏州的官员不是傻子，最初的震惊后，他们立即开始调查。视线四处扫描，很快，阊门外山塘街半塘桥畔一个大宅子就进入了视野。这就是全晋会馆最初的所在，清乾隆三十年（1765）由旅苏晋商集资创建的。

掌握了足够证据的江苏巡抚陶澍，向皇帝半是"告状"半是解释："苏城为百货聚集之区，银钱交易全籍商贾流通。向来山东、山西、河南、陕西等处，每年来苏办货，约可到银数百万两……自上年秋冬至今，各省商贾，具系汇票往来，并无现钱运到。"

意思是，咱们苏州CPI波动，就是因为苏州城一下少了数百万两白银现金流通，市面上银根吃紧。因为商人已经习惯用金融票据代替现金交易了。而这种转来转去的汇票，恰恰几乎全都是山西那家叫日升昌的商号开出来的。

搅得苏州不安的，竟然是千里之外看都看不见的小铺子和苏州城里低调沉默的几幢宅子！

一交手，晋商隐着身就给苏州人吃了个瘪。

不过没关系。实际上，晋商很多都早已加入"新苏州"队伍了。

比如唐伯虎。

江南风流才子原来是"山西制造"，真是一件不太浪漫的事。

这可不是乱讲。家谱一翻，唐寅祖籍晋昌，就是现在山西晋城一带，现在不少他的书画落款中，多有"晋昌唐寅"的印章。

万幸，唐才子好歹是个"新苏州"。山西人会做生意，又能跑会颠，北宋时唐家就南迁到南京、苏州一带经商，到唐寅的父亲唐广德时，就落户苏州，在皋桥附近市口开了家酒店，娶了个苏州姑娘邱氏，最后安家在吴趋坊——今天看是观前一带的黄金地段了。唐伯虎寅时寅刻出生，于是唐广德为儿子取名唐寅，"子鼠丑牛，寅虎卯兔"，在家又是长男，古人长幼顺序为"伯仲叔季少"，所以字"伯虎"——翻译下就是"唐大虎"——这位也曾读过书的父亲，还真是充满了山西人的厚朴脾气，老实极了。运气不错的是，只要不解释，才子名字乍听尚属"不明觉厉"。

清人纪晓岚说："山西人多商于外，十余岁辄从人学贸易，俟蓄积有资，始归纳妇。"事业不成，甚至连妻子也不娶。可见山西人是把经商作为人生头等大事来看的。谢天谢地，苏州人重文的脾气传染给了唐广德，让他这个圆头圆脑的孩子入了学。没这一节，"明四家"恐怕要缺一门，今天的小说、诗歌、电影艺术都要出现"月缺"。

故事说太多，还是回到全晋会馆。会馆于咸丰十年（1860）毁于兵火，光绪五年（1879）在中张家巷重新建立，新会馆占地六千平方米，是一座极为讲究的宅府：坐北朝南，分为中东西三路。中路有头门、戏楼、正殿等；东路共四进，面阔均是三间，有门房、厅堂和前后楼等；西路有

全晋会馆里的古戏台

门房、桂花厅、楠木厅等。其戏楼为两层，歇山顶，双戗飞檐，额枋雕饰龙凤及戏文图案。这确是苏州现有古戏台里最为精致的一座。

话题这就转到戏曲上来了。全晋会馆旧址上开辟的中国昆曲博物馆，展览和演出不断，人流如潮，名声在外。当年柬埔寨西哈努克亲王和莫尼克公主曾在这里看过昆剧、苏剧、评弹；美国马萨诸塞州青年乐团的九十四名演奏员在这里弹唱中国歌曲《卖报歌》，演出后感叹这是来中国后演出感觉最棒的一场。包厢与戏台设计得非常科学，视线均不被遮挡；戏台三面向外伸出，演员一招一式尽收眼底；藻井扩音，演员的自然音质清晰传递到剧场每个角落。当年修复时，连建筑大师贝聿铭都惊叹："老眼为之一明！"

一个会馆，要费这么大周章？连一个戏台都这么讲究？

江苏省文物保护单位

全晋會館

江苏省人民政府一九八二年公布

苏州市人民政府一九八六年公布

孔祥熙存照

山西人有钱！有人说。可还有人说山西人"抠"呢。

会馆就是家。离开故土寄寓异乡，即便身在苏州天堂，商人也难免有思乡愁绪。明清时候，大量山西客来到苏州，虽然怀揣大笔金银，可他们人生地不熟，言语不便；而且精明强干的苏商也不是吃素的。

为了巩固利益，他们广泛联络，共同协商。会馆，就是山西商人们交流商情、联络感情的重要场所。全晋会馆就是当时在苏州的晋商们举行庆典和娱乐的场所。

现在去昆博，还能看到当年的痕迹：西路建筑庄重朴实，筑有两厅一庵；楠木厅和鸳鸯厅为晋商交流商情、相互借贷、调剂资金的洽谈场所；万寿庵是停放已故在苏晋商灵柩之处，每年由山西派专船将灵柩迁回故土；东路有房屋数十间，供短期来苏联系事务的晋商寄宿存货，以及在苏破产失业的晋商借住……

现在知道为什么戏台建得这么好了——这是当家盖的啊!

据记载,苏州明清时建有两所山西会馆。一处是清乾隆三十年(1765)兴建的全晋会馆;另一处是翼城县商建的翼城会馆,但早已被毁。全晋会馆两轩廊顶端的八朵彩色斗拱,雕饰"凤穿牡丹",气势不凡。这个"凤穿牡丹"不是随便什么人就能用的。斗拱是我国木结构建筑的特有结构,除了建筑作用,斗拱层次就像军人的肩章,是建筑等级的标准。明代规定,老百姓家不许用斗拱及彩色装饰,一品至五品官才准用青碧绘饰,苏州"市长"家才可能在天棚上刷刷青。

凭这个斗拱,就明白当年全晋会馆旅苏晋商实力、地位多么不同凡响了。

苏州历史上曾先后有过两百六十多处会馆公所,但留存至今最突出的,还是全晋会馆。据说民国时全晋会馆居然能请动"四大家族"成员之一的孔祥熙当名誉理事长——这就是护身符啊——可见门子不一般。当年苏商多少还是有点憋气的,徽商从事商品贸易,金融票号归晋商,苏商只好重实业,开冶金、纺织、服装厂了。

你说憋不憋气?

憋气归憋气,但有件事说起来,苏州人也要感谢这些山西"新苏州人"。

抗倭。

明代嘉靖时,苏州几乎是亚洲第一大商业城市,当然,也是倭寇重点关注的"大肥肉"。倭寇几百人甚至上千人三天两头来骚扰,咬一口就跑,还围攻过铁铃关,把苏州城搅得人心惶惶。

苏州人守土有责,当然众志成城。这时,山西商人突然请缨。

做商人的人上阵抡膀子打架,行不行?

行,很行。这些人也许比我们更能吃苦耐劳。他们是一批能够在沙漠里种大白菜的家伙。他们拉着骆驼，千里走沙漠，冒风雪，犯险阻，北走蒙藏边疆；横波万里浪，东渡东瀛，南达南洋，开辟"丝绸之路"后第二条陆路到达欧洲的"黄金之旅"；他们把铜贩到日本，甚至还在韩国、日本开办了银行。

经商犹如打仗，盗贼抢掠，有生命之险是常事。为此，这些商人，求人不如求己，自己练就武功。明代嘉靖时，为防日本海盗入侵，山、陕盐商家属善射骁勇者五百人曾组成"商兵"守城。苏州是晋商活跃之埠，"有山西客商善射者二三十人"——这个"善射"不是说能拉开弓就行，而要实实在在的真金白银铁功夫，力毙数人——倭寇多是黑灯瞎火玩夜袭，城高又有数丈，拉弓开箭毙敌，眼力、臂力、定力缺一不可，简直就是古代狙击手了！

文人的笔记也许有点水分，但不得不说，紧要关头，抛开商人习惯，这些"新苏州人"，真是为着自己的城市而泼命奋战了。

一场好戏就是这样，让你悬疑，让你心慌，这就是全晋会馆进进出出过的"苏州山西人"。

侃侃晋商，想想自己，就像一瓶五味子，品品，很有意思。

市井烟火色，评弹声声慢

如果没有评弹，江南将是什么样子？

这自然应该是一道假命题。苏州评弹是一种有顽强生命力的艺术，来自民间，扎根民间。说书人往来于江湖，使评弹带有了丰富的社会色彩、艺术色彩。

2004年，中张家巷沈宅，鞭炮声声中，评弹博物馆诞生了。博物馆诞生时间不长，但口头艺术却源远流长。的确，评弹比之昆曲，有人说

评弹博物馆呈现的评弹表演场景，两侧有联曰：浪亭御前弹唱垂青史，光裕社启后葳言邈艺坛。〔沧

"烟火作色"，意思是市井了许多。

不过市井有市井的好味道。凡尘烟火气一样有气势，一样叫人心向往之。

博物馆门口对联上讲得好：

论世三千年，惟妙惟肖；

弹词廿四史，亦庄亦谐。

有一则在听众中间广为流传的评弹典故：

民国评弹大家夏荷生，在演出代表作《描金凤》，说到破产商人汪宣用假死来讹诈兄长的荒唐桥段时，突然随兴外插一句：

　　"汪宣（假死者）这一生倒霉在爱面子上，最后落得面子丢光扮死人。可叹！爱面子是中国人劣根性，清皇朝不准外国人坐绿呢大轿，面子么保得蛮牢，结果给帝国主义赔款几万万两银子，夹里全然勿要。"

　　说罢，夏荷生随手撩起长袍：

　　"你们看我这件袍子，阴丹士林面子，两角小洋一尺；骆驼绒夹里，四块大洋一尺。夹里好穿，身上暖和，面子差一点有啥关系？要是我爱面子，掉过头来毛哔叽面子，烂麻布夹里，面子上好看了，过不了冬——一病不起呜呼哀哉！奉劝列位，千万勿能死要面子活受罪！"

　　这段插白，实在让人醍醐灌顶。在座听众一愣，继而一声叫好。当时清朝灭亡不过二十年，昨日屈辱故事，百年国运衰微，虽市井依然感触惨痛。虽然莫谈国事依然是江南明清以来社会生活的主调，但并不意味着市井草民就放弃了对国家民族的关切。来自江湖的说书艺人们，因丰富的人生经历而更积极地观照着当下现实，利用民俗俚语、假语村言曲折地针砭时弊，讽喻世风。

　　在几百年知识未普及化的古代、近代岁月里，江南评弹说书艺人身兼数职：

　　他们是文史社会知识、民俗掌故的乡间里弄"教书员"：因为身份来源广泛，江湖码头行脚范围广，他们又是时事新闻、小道消息的"记者宣传员"；更因为曲艺语言幽默生动，贴近听众，他们根植民间生活，而成了最草根的"民意代言人"。

　　抗战时期，江浙沪沦陷，说书艺人为生存，不得不奔走各个小镇码头，但他们的一张嘴并没有因此喑哑。

　　汪伪时期汉奸横行。有到常熟演出的评弹艺人借插科打诨开了腔："马桶夜壶侪（都）打翻，满身侪是黄困三。"上海俗谚，粪便叫"黄困三"，而当时常熟伪县长恰叫王昆山，看似无心巧合的噱头，让全场愕

然，继而会意大笑。被骂之人羞愧，现场还不能发作；演出结束，说书先生拔脚就撤，让汉奸无计可施。

三百六十行没有小道，所有行业，至高境界都在大道之中。以前有老先生谈当年评弹名家，悠然向往那种超然物外的故事和润物无声的俗世人情：

黄兆麟说《三国》，战将沙场秋点兵，一样温文尔雅。他进书场气派很大，手拿司的克（手杖），口衔雪茄烟，上台还要抽几口，然后熄烟，把烟放桌子一边，轻念几句谁都听不清的《赋赞》后，就开讲《草船借箭》里诸葛亮和鲁肃在船里吃的什么好菜。冰糖藕瓜、清炒虾仁……说得大家口水四溢。话锋一转，鲁肃是老实人，以为诸葛亮要投曹操，只

好装睡，打算借机跳船；诸葛亮看起来吃喝不停，其实眼睛一直在盯鲁肃的酒盅，他算定这盅酒鲁肃喝不下去，所以只倒了大半杯——离杯沿还有一指。干什么用的呢？黄先生停下来，招招手，书场卖小吃的心领神会，上前放碟点心。

听者见了也笑，纷纷招手。卖小吃的老人应接不暇，这样他一天的收入就有保证了。

善良的说书先生再起醒木，这盅不满的酒是干什么用的呢？你想诸葛亮多精细，曹操的箭射在船外面，怎么知道多少？他的主意就是看酒盅；箭在船上越来越多，船一边肯定偏沉，酒盅里的酒漫到杯沿，那就说明一边的箭已经插满，再插，船就要翻了；此时下令掉头，再用船另一

面接箭。酒回到水平状态，就是两边已经全被箭插满了，打道回营！

场下莞尔。点心也吃完了。

下场请早。先生依旧手拿司的克，口衔雪茄烟，迈大步走出门去。我们跟着诸葛亮，吃了一碟干丝；下回王效松说鲁智深倒拔垂杨柳的时候，大胖和尚一用力，我们一碟生煎也下了肚；枣泥拉糕，是吴钧安让李元霸气得宇文成都暴跳的时候吃下去的；小云吞面，是贡献给了《封神榜》里被"混元金斗"（马桶）套牢憋变形了的南极仙翁的寿桃头。

如果说昆曲是遥远的梦，非要品尝时蔬"水八仙"不能配合，那么评弹就要端些家常点心，拈一块放到嘴里，吃吃，手指上沾了点酥油，再舔舔。

小巷的"寓言"，隐士与小官

最后从平江路里悠然蹀步出场的，是明朝的一个隐士和一个失败小官。

《赤壁图》明·蒋乾 绘

　　隐士叫蒋乾，小官叫江盈科——如这条巷子，历史上的名声说大不大，说小不小，特别出挑的事没干过，也不会老循规蹈矩，让你真不知该怎么评价他们。

　　《吴门补乘》里寥寥几句话，记录了蒋乾其人的生平：

　　蒋乾，字子健，父嵩，金陵人。能画山水，隐居苏州之虹桥，破屋半间，一介不苟，八十八年如一日也。江盈科为长洲宰，表其庐曰，东海冥鸿。

　　翻译过来很简单，就说有一个籍贯是南京的穷画家叫蒋乾，山水画画得很不错，清拔古雅；隐居苏州虹桥附近——就是今天中张家巷；生活得很糟糕，一间破屋，只有半间能住；在艺术靠刷脸刷名气的时代，低调卖画为生。尽管如此，他还是保持清介秉性，对于银钱一道，"一介不苟"，不是自己应得的，一点都不要，也不接受他人善意的接济——这是一种自我选择的清贫。他今天存世的作品，有《抱琴独坐图》《赤壁图》等，皆藏于故宫博物院，历经岁月消磨，已成为明代绘画艺术的代表珍品——蒋乾其人的格调和其作品的艺术价值，可见一斑。

　　君子固穷，人人都说得，想要做到，却不容易。

梅兰芳曾说自己唱戏前不会吃东西，因为饥饿感能使他保持舞台上的清醒与敏锐。某种程度上，物质的匮乏有时会为思考者带来一种全新的思维视角和体察自我的契机，这也就是"天将降大任于斯人也，必先苦其心志，劳其筋骨，饿其体肤，空乏其身"内中含义之一。

当天下人都气人有、笑人无的时候，一个"失败主义"小官来到了苏州，来到了中张家巷。

此人名叫江盈科，湖南桃源人，明万历二十年（1592）进士，跟大名鼎鼎的袁宏道同年。在文化史上，他是明朝晚期文坛"公安派"的重要成员，提倡"性灵说"，很是有些名气。不过，就他的身家"主业"——当官来说，那简直就是一场灾难。

长洲县，是苏州最富庶的三县之一，在明代万历年间，也是官场上下捞油水的好地方。当然，相应的，当地"赋税之重，甲于天下"。当上司、同僚们充满期待地搓着手，等待新任长洲县令江盈科带领大家一起分享"胜利果实"的时候，江盈科带给他们的，却是一张张打给上级领导的白条。

拜迎长官心欲碎，鞭挞黎庶令人悲。

老百姓太苦了，江盈科凭良心做出了选择。"良心"二字好说不好做，他几乎要与全体官场同僚、下属作对，吃力不讨好：想尽办法让老百姓喘息，却常因催科不力而屡遭"长官詈骂"；为缓解人民"京解诸役"之苦，他想法子"打大户"置役田二千余亩以资役费，终于得罪地方势力……江盈科任职六载，"贤令"名声远播。然而，最后的"奖励"，却是被弹劾"征赋不及格"，被报复性地差派到当时最苦的云南、贵州等偏远地区。

尽管如此，这个官场智商不太高的小官却依旧怀有很强的政治热情和政治卓识，比如他说，"民为王者之天，王者之心"——王权热衷于

表现出宏大的表象、无与伦比的力量，但天下民众却总是设法逃避；而民权呢，本质上却是心，不像那么多彰显威仪的"伟大工程"那样有踪可寻，但民心向背，却直接关系社稷存亡，无比强大。因此，为官者千万"不敢忽民，不忍残民，不能一瞬息忘民"。

宫中黄金高如斗，道旁死人不如狗。

民苦君乐不忍闻，分明藉资与敌手。

一位文章高士，却写了这么一篇特别通俗的打油诗类型的"末事"

（吴方言，"东西"的意思），恐怕写的时候，才情早已被吹胡子瞪眼睛的怒火蒸发了，留下的都是直白的愤怒。

可以预见，一肚子能耐的江盈科，最终五十二岁死于四川提学副使（也就是"提刑按察使司按察副使、提督学道"的缩略简称，是一个监察的四品官，相当于现在主抓公安、教育的副省长级别）任上，不大不小，一辈子壮志未酬。

一个失败的隐士和一个失败的小官走到一起，会发生什么呢？

那日江盈科和蒋乾说了什么，无从查考，但江盈科肯定没有为贫穷的古稀画家带来什么富贵荣华，只是赠表"东海冥鸿"。冥鸿，指的是高飞的鸿雁，比喻避世隐居的高才之士。东海浩大，何其苍茫，一叶冥鸿，在浩渺中寻觅，风雨中振翅。高洁的画家找到了艺术的知音，失败的小官找到了灵魂共振的朋友。

很多年以后，失败小官江盈科终于成了诗文大家江盈科。

最有意思的是，诗文却似乎并非江盈科之最爱。他像伊索一样，热爱寓言。你看下面这段文字，就像他在对着你似笑非笑地讲呢——

从前啊从前，有个特别穷的人，穷到了早饭吃过都不知晚饭在哪儿的地步。

一天，这人偶然捡了个鸡蛋，狂喜跑回家，拿着鸡蛋对妻子说："嘿！媳妇儿！我们有家当了！"

妻子莫名其妙。这人就开始算起账来：

"我们用这个蛋，孵出小鸡。小鸡长成大鸡，又生蛋孵小鸡，一个月可得十五只鸡；两年就可得三百只鸡；鸡卖掉就能换十金，可以买五头母牛，母牛又生母牛……卖了得钱，然后放债，迟早家财万贯。买田置地，再买仆人、小妾，咱们就能过上清闲的好日子了！"

妻子听他说要买小妾，勃然大怒，一把把鸡蛋打碎："不能留下祸种！"

这人非常愤怒，就把妻子带到衙门："这个恶毒妇人坏我家产，请判死罪！"

官吏听了缘由，大笑："你的家当还没算完嘞！你的小老婆又生下儿子，儿子读书，考功名做官，取得荣华富贵，难道不算进去了吗？这么多家当竟然被这妇人一下毁了，真是该杀啊！"下令要烹死穷人的老婆。老婆叫屈起来："我丈夫说的都是没发生的事，为什么要烹死我啊？"

官吏对着这对夫妻大笑："你丈夫说买小妾也是没发生的事，你为何嫉妒呢？"

故事甚耐咀嚼。江盈科感慨：人间很多算计是出于贪心，这都是虚妄之心啊！既知虚妄，为何不能淡泊对待，停止奢望呢？即便眼前所看到的浮华世事，其实很多还属虚幻呢！世上常怀非分之想的人，难道仅仅只有这对热衷幻想的夫妻吗？

晋商的脾气、评弹的戏谑、寓言的诙谐……就像太阳的光，各和色光融到一起，竟然变成了白色，淡然的、安静的、寻常的白色。

好吧，说到底，中张家巷真是一条寻常巷陌。

汇集了这么些寻常巷陌的平江路，也一直以寻常的姿态示人。

只是，当你走过这条街，你会发现这阳光寻常得很丰富，寻常得很深沉，寻常得有点道理，寻常得不动声色……怎么说呢？寻常到从商贾到说唱艺术到一幅淡淡的画和一个寓言，你觉得人和道理都那么耳熟，可是又好像从未遇到过。

观前街：繁华梦里氤氲的故事

观前街位于苏州城中心，东至临顿路，西至人民路察院场，街名来自玄妙观。

宋代，观前街名为"天庆观前"，因观内遍植桃树，春天桃花灿若云锦，故又有"碎锦街"之称。元代后，天庆观改名玄妙观，街道遂名"玄妙观前"，简称"观前街"或"观前"，沿用至今。

清末民初时，观前街街道狭小，两面店家几可伸手相执。1930年拓宽改造，后多次扩建，日渐繁盛。

这里自古便流通着千钟粟，纷纭着人如簇，数不尽江南繁华的黄金屋、颜如玉……今天，观前街已是中国四大著名步行街之一，与北京王府井、上海南京路、南京夫子庙齐名。

观前街区小巷林立，太监弄、北局、宫巷、邵磨针巷……或美食，或工艺，或娱乐，各有特色，令人目不暇接。

布衣人生的两种选择

邵磨针巷如梦。

不过这个梦，就像一段跌宕起伏的电影，光影之间，写出了关于布衣的两种人生选择。

邵磨针巷也是一条老巷子了，老到恐怕建城的时候就有了。它位于观前街西段南侧，北起观前街，南至富仁坊巷。宋代的时候，南朝四百八十寺，这里又称"宝积寺后巷"，《宋平江城坊考》云："宝积寺后巷，今邵磨针巷。"

按照这段介绍，后人考证，巷内有一家名为邵氏的磨针作坊，因作坊而为街巷命名。邵氏所磨之针，并非是"慈母手中线，游子身上衣"里面的缝纫之针，而是大夫针砭理疗病人所用的针灸之针。太史公当年如是记载中国最早的医学大师扁鹊："使弟子子阳砺针砥石。"这是中国古代医学的重要成就之一。

说起来，苏州出现了不起的针灸之针工艺师傅，一点都不奇怪。中国历史上最早的针灸用骨针，就发现在距离苏州不到二百公里的浙江杭州萧山跨湖桥遗址，可以想见，在中国古代地缘交通不发达的情况下，针灸技术更容易在经济、人口都比较发达的苏州落地开花，并成为后世吴门医派的重要组成部分。不仅如此，针灸技术在走向世界的过程中，又是一位苏州僧人知聪，迈出了开拓性的第一步。这个生活在南北朝时期的医僧，于南朝陈文帝天嘉二年（561），八月秋高风习之时，背负《明堂图》《本草经脉经》和《针灸甲乙经》等中华医药书籍，先登陆朝鲜半岛，传播中华医术。一年后，又冒死乘桴浮于海，破浪扶桑，传播佛法的同时，传授"倭人"汉方医学和针灸技术，成了中国医书传诸日本的开端。更有意思的是，知聪的儿子——善那使主继承了祖业，最终被日本天皇赐以"和药使主"的称号，子孙世袭职位，到了清和天皇贞观六年（864），知聪的后裔，和药使主黑麻吕与和药使安主弟雄受到了天皇恩赐的"宿祢"姓氏（日本当时基于各氏祖先或与皇室关系亲疏而定的"八色之姓"之三，仅低于以诸代天皇为祖先的公姓豪族十三氏"真人"和皇室系统诸氏的"朝臣"），成为其时日本最有影响的医学世家。

大夫这样厉害，制作针灸针的工匠，自然更不一般。

针灸针最早的雏形是针石。不过到了邵师傅的时候，已经是金属针了，而且形制非常复杂，名曰"九针"。

《灵枢·九针十二原》里说："九针之名，各不同形。一曰镵针，长一寸六分。二曰员针，长一寸六分。三曰鍉针，长三寸半。四曰锋针，长一寸六分。五曰铍针，长四寸，广二分半。六曰员利针，长一寸六分。七曰毫针，长三寸六分。八曰长针，长七寸。九曰大针，长四寸。"

员针如圆筒状，针尖卵圆形，多用于按摩穴位以治疗肌肉疾病；鍉针头钝圆，不刺入皮肤，而是用于穴位表面的推压；锋针，也就是现代还常用的"三棱针"，针体圆，针尖呈三棱状，有刃，主要用于刺破皮下静脉及小血管，治疗痈肿、热病、急性胃肠炎；铍针，取法剑锋，形如宝剑，两面有刃，多用外科，以刺破痈疽，排出脓血……

针是一点点磨出来的，看这形制，别说古代，现在人要打制出一套，也不是轻松的事情。这可算是古代最精密的医疗仪器了。这条巷子，原来竟是古代高科技生产力的代表呢！

邵师傅，一个人因为自己的活人的技术而能够名垂一条巷子，真是相当了不起。

来到传说为要离老宅的故地，观前街塔倪巷和邵磨针巷的路口。人流如织，织成一幅美好的俗世天堂绣品。

但今天说的却是这绣的另一面，苏州历史上最另类和神秘的时代——春秋战国。

生，当如烈火之璀璨；死，应若奔雷之过天。那时的吴越，苏州人还是"战斗民族"。今天的富贵风流书香地，当年原来彪悍惨烈如此。

他，是一群被称作"死士"群体中最为突出的代表。枭悍，深沉，阴谋，权术，迷局，血肉横飞又泰若安然。这就是刺客要离的人生迷局。

公元前513年，刺客之剑怆然出鞘，电光石火，风云变色。是一场荣耀的史诗？一场矛盾的悲剧？也许只作一笑谈。

吴王阖闾端坐大殿，臣子们山呼海涌带来的威势并不能让他眉头稍解。他就是那个通过派出著名刺客专诸刺杀吴王僚而篡夺王位，终成春秋霸主之一的吴国公子光。现在的他，如愿以偿地登上了吴国政治巅峰，史称吴王阖闾。

万人之上，大权在手，但阖闾心里却并未出现他曾无比憧憬的那种权力所建筑起的踏实感。可能是因为还有僚的儿子庆忌存在。

《东周列国志》里的庆忌"力敌万人"。更厉害的是，庆忌并不是一个单纯的武夫，而是很有些政治头脑。他逃亡卫国，招纳死士，组建了一股强大的反政府武装。况且此时，伐楚日近，军备却仍然疲软，真是令阖闾焦灼不堪。

怎么办呢？

伍子胥恰逢其时地上殿："向大王推荐一人，有帅千军万马之能！"

阖闾来了精神。

倘是评话说书先生，定会倍极描述阖闾见到这位"人中龙"后的反应——见过《水浒传》鼓上蚤时迁吗？身高仅五尺余，腰匝一束。按东周尺寸，一尺为今天十九点九厘米换算，一米未必能出个零头的要离，五个字可描述：矮穷挫瘦黑。这就是要离的"首秀"。

而接下来的求职面试，灾难才真正开始：以貌取人的阖闾失望之极，骂伍子胥瞎了眼，要离的父亲不过是个刺客，他更只是个杀狗的屠夫，丑陋不堪，草根一枚，况且他的气力还不如个小孩，有什么能力统摄千军万马？

此时要离反唇相讥：你连瓦砾堆里的黄金都不认识，你才瞎了眼呢——"大王您可够'仁慈'的，伍子胥帮你谋夺王位，您这是吃干抹净不认账，不打算给伍子胥报仇了吧？"

话说形势比人强，理所当然的，领导很生气，后果超级严重，阖闾直接命人砍了要离右臂，关进了牢房。此时，要离释放出了超人的实力，一路杀关逃跑；更加理所当然的，阖闾一怒之下，干脆除根务尽，杀了要离的老婆和孩子，并且弃市，也就是尸首扔闹市里晾着，不准收殓，最后挫骨扬灰。

与此同时，已重伤形如废人的要离，在疠疫横行的河湖中蹒跚，心中一把火，在无边黑夜里剧烈炙烤着他的心。

当要离流浪到卫国，见到庆忌后亮出断臂，二人一拍即合。敌人的敌人就是朋友。要离成了庆忌的心腹，他身残志坚，助庆忌训练士卒，修治舟舰，建立讨伐大军，进攻吴国。

大军开拔时，要离对庆忌说："公子你是统帅，应亲坐战舰船头，鼓舞士气，便于指挥。"庆忌点头应许，要离一旁侍立。

剧情翻转，是从一阵大风开始的。

江面一阵强风，战船摇晃。当庆忌发现自己胸口长出了一个硬硬的尖尖头的时候，他回头看见了要离的脸，然后是要离的独臂，独臂上夹着一支短矛，矛柄看不见，大约在背上罢。

那么胸口的尖尖头一定就是矛头了。

庆忌的确是天下第一勇士。《吴越春秋·阖闾内传》记载，这样致命的巨创下，他仍能单手提起要离淹入水中三次，然后把半死的要离横摔在膝盖上，大笑：

"天下居然有像你这般的勇士，能用这种苦肉计来刺杀我啊！"

此时，如梦方醒的卫士冲上，要杀要离。

庆忌摆手："这人是天下少有的勇士，怎可一天之内杀死天下两个勇士呢！"

说完，他把要离扔到甲板上，用手抽出刺穿心口的短矛，血流如注而死。死前，庆忌说："不杀他，放回吴国，表彰他对主人的忠诚。"

有什么样的领导，就有什么样的队伍。庆忌的卫士们遵照遗命，放要离回归。但要离却举身投水要自杀。被捞上来后，四散的军人中有人劝他：快回吴国领赏吧。

从今天成功学的角度上讲，要离用极为惨重的代价，获得了极为重大的成绩，随之而来的报偿也应当是巨额的。但论功行赏之际，有些模糊的历史，却飘忽出了两个幻影一样的结局。

结局一：阖闾重赏，要离不受："我杀庆忌，不为做官发财，只为吴国百姓生活安宁，免受战乱之苦。"说完，拔剑自刎。

结局二：同样面对阖闾，要离说："杀老婆孩子，以求为吴王做事，不仁；为新君杀死故君儿子，不义；想成人事而残身灭家，不智。有什么脸活在世上！"自刎而死。

要离确乎是一定死了。

要离很残忍，也很自私，但好歹很真实，知是非，并不标榜自己侠义，这也许是他唯一可取之处了。在他身后，两千多年历史，我们不断跋涉，将文明的道路走得越来越明晰。

关于吃的风流生活史

饮食男女，人之大欲存焉，孔子说。

在苏州，饮食就是一条真理，颠扑不破。四方辐辏的观前街，沿着太监弄，逶迤前行，一路走马观花"吃"下去——从吃的历史到吃的花样到吃的技巧到吃的礼仪……吃出味道，吃出风雅，吃得眉开眼笑，吃得风生水起，吃到风流倜傥，吃到微言大义——

怎么说呢？吃，本身就是一部回味悠长的风流生活史。而从吃引申出更多意味的太监弄，也许就是这部生活史的一枚细长的书签。

苏州人特别不喜欢"太监"——这个与文字狱、特务统治、腐败横行实在密不可分的人群，在苏州历史上影子不断。

有明一代，到苏州监管织造局的太监们一会儿催丝逼绢，一会儿放

太监弄。由于汇聚了许多美食店，所以苏州人有「吃煞太监弄」的说法

债；一会儿窥探士人隐私，一会儿为皇帝抓蛐蛐收古董搞娱乐——忙是忙得来。只是苦了其他所有人，以至整个苏州都不待见他门。苏州知府况锺因为他们太霸道，跟他们动过老拳；在爱财如命的"葛朗台"皇帝万历时代，太监孙隆任苏州"税监"，在苏州大肆征税，逼得织工葛成率数千织工在玄妙观誓神暴动，高呼"捉孙隆""杀税棍""罢私税"，直接攻击税官之家和税监司衙门，吓得孙隆半夜化装脱逃；《五人墓碑记》记录的那次就更不用说了，全苏州城都暴动了起来。

　　然而"太监弄"的名字，却还很牢靠地安放在这里。不仅有，而且有过两条。一条在剪金桥巷南侧，南出道前街，北出西支街巷，这条弄堂里，曾经有太监居住，自然得名。据《苏州街巷文化》一书考证，20世纪40年代，该弄名称尚存，后来废名；另一条，就是这条观前街上大大有名

的美食汇聚之地——宫巷北端西侧，东起宫巷，西越北局至邵磨针巷的太监弄了。

这是为什么呢？

"太监"最初是一种官职。

"太监"这个职务，唐代就有了。太监本来是官名，隋朝开始设置殿内省，到唐代改名为殿中省，主要工作就是掌管皇帝日常生活的衣食住行医等事宜。殿中省中，各部主管被称为"太监"，担任者并非一定要是宦官；但后来因为"阉人无子孙，皇帝是主人，皇宫是其家，故此最忠心"此类奇怪思维，到唐高宗时，作为皇帝身边的服务机构，殿中省改为了中御府，以宦官充任太监官职；久而久之，到了后世特别是明代，"太监"就成为宦官专属高级官职；到清代，逐步变化为民间对宦官的一种统一称呼。

实际上，今天人骂"太监"，其实在当年，宦官们听了可不会生气，还会笑眯眯，给他们"平地升官"。"太监"是尊称呢。就像你见一位佛教僧人，开口称"和尚"是一样的（"和尚"梵文意思是"师"，是对有深厚修为、智慧的修行者的尊称）。

据《苏州织造局志》所载，明朝历代皇帝，均派太监来苏州监督织造局，少则一人，多则近十人。这些太监就居住在织造局附近，"太监弄"因此得名。

太监弄云集了苏州众多本帮菜的老字号，松鹤楼、得月楼、新聚丰、王四酒家，等等，无不是一流名店。民国时代的新聚丰，除了菜做得好，在品牌推广上也颇下功夫，就连大堂电话号码都千挑万选出"917"，谐音苏州话"就要吃"，真是针脚功夫都不放过。

一道皇上的"菜"，一个弄堂的"菜"名

苏帮菜讲口彩，吃饭一定要连精神带物质一起下肚才算是吃得好。

比如有老人在过年或者日常的时候，一餐必有青菜，而且不能切断，是为"长庚菜（意为长寿）"；水芹菜跟香干拌在一起，长辈把它夹给小辈，又谐音"勤勤（芹）俭俭"；肉丝炒笋丝，寓意"丝丝齐齐"，即是诸事顺心，样样齐备；肉圆不用说，团圆；蛋饺绝对少不了，这象征着元宝，意味着财运滚滚……

还有重要的菜，比如黄豆芽，形状颜色好像玉器如意，就叫"如意"；大白菜剖心，金黄与玉白，叫作"金玉"。

太监弄原名就是"金玉如意弄"，民国《吴县志》如是记载。

不知这里面是偶合还是冥冥之中有暗喻。

这个看起来很吉祥的巷名，来源于明代大臣、太子太保俞士悦（1387—1468）身边两个皇上御赐的太监侍从——金玉、如意之名。

翻看资料，俞士悦，字仕朝，长洲（今苏州东部地区）人，永乐年间进士，官至刑部尚书，太子太保。《吴门表隐》中如是描述："按二监（即金玉、如意二人）赐明太保俞士悦侍从，筑室以住，即今太监弄。"

关于他的晚年仕途，石蕴玉一句话十分令人玩味：

太保执法，心如铁石，晚节委蛇，亦称明哲。

后半句，文字几乎就是打脸的，说俞士悦成了朝堂和事佬，但"亦称明哲"又充满了某种深切的同情。

一个曾被打入另册的大臣，遭受过极为不公平待遇的大臣，拥有很大威望的大臣，对帝王来说，是一个烫手的存在：一方面是愧疚，一方面又是恐惧。愧疚的是对俞士悦不公平的迫害；恐惧的是，被迫害过的俞士悦，心里到底还对自己忠不忠? 不能不平反，不能不启用，但启用了之

位于太监弄的松鹤楼

后，又不知俞士悦到底心中是否愤愤不平。

皇上最相信的就是太监，派两个得力干将去，既是服侍也是监视，想来真是一道两相方便的法门。

这种想法很自私，但又有什么办法呢？

还好，俞士悦是明哲之人，前半生谋国，人生暮年谋身。

经常这样想，俞士悦的功劳总算是不小，按说小巷要起名字，总可以起一个"太保弄"之类的好名头，为什么"金玉如意"了呢？联想到"明哲"，于是立刻理解了为什么两个白菜、豆芽为名字的太监可以一度扬名。

近代诗人范广宪的一首诗说得很令人玩味：

秋风容易夕阳斜，衰柳萧疏但噪鸦。

异代太监今不见，巷深犹说阉官家。

山塘街：七里大风歌，虽千万人，自在往矣

这是谁的山塘？七里，七狸，白公堤

有多少人写过山塘？

一河，一街，平铺却不直叙，从古延伸到现在。一个比方，也许不恰当，但很形象：盗墓者的洛阳铲深锥历史的地层下，拔出，各个年代的土样全出，毫不混乱。

七里山塘。七狸山塘。

唐代宝历年间，公元825年，一个诗人刺史来到了苏州。白居易。

老实说，这对白居易来说，不算个好差使。京官外放就等于被排斥在政治中心之外，安邦社稷的志向在动荡中无所依凭。幸亏他还喜欢写两首诗读给街头巷尾的阿婆听。上任不久，他坐了轿子到虎丘去，看到附近河道淤塞，道路不通，要饭的小囡瞪着乌黑的眼。诗人竟然憋住了诗情，一口气开了山塘河。在河塘旁筑堤，即山塘街。交通好了，市井起来，热闹繁华。白居易又到虎丘。这次小囡们有花衣穿了。孟子曾问说：众乐和独乐，哪一个好？白居易看着一堤

垂柳，低头又写了首诗，找阿婆评诗去了。

想来有些滑稽，白居易籍贯郑州，河南口音和苏州话要相差几百里，山塘阿婆能否听得明白？即使他讲的是"官话"，山塘的阿婆也不一定能听明白，若中间再夹上一个翻译，不像评诗，倒像国际会议——但一河一街大家都看在眼里。离任后，百姓即把山塘街称为白公堤，还修建了白公祠，以作纪念。这街东起阊门的渡僧桥，西到虎丘望山桥，长约七里，俗称"七里山塘"。

这是诗人的山塘。

明初，平了张士诚，朱元璋和神机军师刘伯温来苏州视察。登阊门西望，虎丘正对着九五之尊。刘伯温给个说法，叫"白虎犯天门"，于大明不利。朱元璋问：军师有何法破之？刘伯温说：老虎怕狸。《山海经》里就有"狸力"一兽，可以在山塘河上建桥七座，桥边雕一石狸看守，就像锁门一样，白虎就过不来了。朱元璋立即命人如是从之。山塘便又有了"七狸"之说。

不多时间，朱元璋开始杀功臣。

多少年后，大明亡，大清立，七只狸锁得了白虎，却锁不了山海关的大门。

这是皇帝们的山塘。

最近又听到新说法：整修山塘路面时，真挖出过数个石狸，圆头圆耳，憨态可掬。又有的说，这些石狸是用来标志山塘的码头的，想想也是：名医叶天士自家就有专用的码头，这么一道好水，该有多少码头？

爱与义气孰轻重？才子、佳人，平民英雄

乾隆皇帝写了九首山塘的诗。1761年，乾隆在太后七十大寿时，特意

《姑苏繁华图》虎丘段

在北京万寿寺以山塘街为蓝本仿建了一条苏州街。1886年，慈禧太后在颐和园又重建了苏州街，还是山塘的风貌。清乾隆时的著名画家徐扬创作了《盛世滋生图》长卷（也称《姑苏繁华图》），其中一街画的就是山塘街，展现出"居货山积，行云流水，列肆招牌，灿若云锦"的繁华景象。

乾隆诗谁还记得？颐和园的街几人走过？

《红楼梦》开篇就是从苏州阊门写起的。"姑苏城的阊门，最是红尘中一二等的风流富贵之地"，然后写门外的十里街，然后花团锦簇般一个一个地推出人物来。

苏州评弹《玉蜻蜓》赚了大家多少眼泪，山塘的法华庵里金贵升与昔日恋人青年女尼志贞生死相许。《三笑》里面有这么一段唱词："姑苏城外有山塘，果是人间极乐场。沽酒店开蜂亦醉，卖花人去路亦香。"我

们记得最清楚的是秋香虎丘"三笑留情"，唐伯虎山塘河里"追舟"，然后故事一直发展到无锡，唐伯虎点秋香。

山塘满路皆脂粉。这里就有些奇怪，到底这历史打算留下些什么？人们津津乐道的好像就是"三言""二拍"，但大家也喜欢张士诚的豪气、金圣叹的见识。有"十大武功"的乾隆皇帝，即便是数次下江南，写再多的诗也超不过风流才子的境界："不炼金丹不坐禅，不为商贾不耕田。闲来写就青山卖，不使人间造孽钱。"

何等洒脱，并不受谁的约束，自在生活。

另一面就是牌坊和碑刻：功名德行坊、孝子坊、节妇坊。全苏州以山塘街上的牌坊为最多，大约光绪间还有五十一座；经历了时代动荡，有的成了哪处大街的踏脚石，有的成了撑着新房子的山墙，可一路数去，八九座孝子、节妇坊，加起来还是全苏州最多处。

真有意思。一面评弹昆曲里让金贵升与志贞在《玉蜻蜓》里生死缠绵，全不顾礼法教化，一面又反反复复说着节妇坊的由来：那个寡妇姓王，早就没了男人，一个人拉扯孩子，后来孩子就中了状元，做了皇帝的驸马……

但是最动人的，却要请才子佳人暂且闪避，因为五人墓处的"义风千古坊"最有力量。每个来山塘的人都会从古坊下走过，然后进去看看五人墓。

刚刚看过唐孝子祠，祀主是清朝的孝子唐肇虞。伦理社会里孝道为百善之先，此祠就是当时旌表的，很是隆重。

最具有讽刺意味的是，五人墓这里，原来却是佑护魏忠贤长生不老的生祠。五人墓的事迹是人人都知道的，说起来令人感慨，这几个人，并不是东林党人周顺昌的什么故旧门生或是血亲朋族，关系最近的不过是周的轿夫。他们就是为一句"公道"，为一个"说法"，为抗议魏忠贤阉党逮捕一个好人，于是率众市民暴动。早在温柔乡里软糯了的苏州人，爆发了春秋吴越时代的彪悍，不仅将缇骑（着橘红色制服的朝廷护卫马队）打散，同时将魏忠贤党羽、时任江苏巡抚的毛一鹭打得慌不择路，躲入一个公共厕所。

但是一时的激愤，到底惹下了泼天祸。在明朝皇帝的心中，苏州人永远都是支持张士诚的百姓，这要引出屠城的事件也未可知。这五个人从容不迫，挺身而出，慷慨就义。崇祯皇帝上台，魏忠贤终于垮掉，五人墓立在魏的生祠原址，一块大碑，书"五人之墓"四个大字。真应了那句话：想长生不老的比谁都腐朽得快，想跋扈万年的比谁都摔得惨；一心舍生取义的，却永远活着，活在人心里。

绕到后园，五块很小的碑，好像一本本书，镶在砖墙上：

周文元、颜佩韦、杨念如、沈扬、马杰。

要记住这几个名字。他们不叫"五人"，他们各有自己的故事，各有自己的悲欢离合。时常在想，英雄就义前会怎样想。金圣叹临刑对儿子讲的是将常见的食物组合好吃出大闸蟹的味道，心中未必不凄凉；笑谈上刑场的诸位，是不是很想坐下来，再聊聊怎样抬轿能偷偷懒、彻夜读书少打瞌睡的技巧。

他们在刑场上笑谈，哪怕心里还惦记着妻子儿女，也要豪气干云，这是给亲人的最后一面。这黑压压的天下，当真就要有这么几个天真烂漫泼胆汉！

但如果仔细翻看史书，你会更加震动：实际上，从头到尾，包括周顺昌在内的六人，都是那场震动朝纲的东林党事件中"打酱油的"——比如周顺昌，居然也是打抱不平的人！周顺昌，字景文，号蓼洲，万历年间进士，曾官吏部主事、文选员外郎等职，因不满朝政，辞职归家。东林党人魏大中被逮捕押解途经苏州时，周顺昌不避株连，热情招待，这

义风园。明代魏忠贤的生祠「普惠祠」遗址，后为五人墓，2010年修整扩建为义风园

才得罪了阉党，后被捕遇害。而周文元、颜佩韦、杨念如、沈扬、马杰，又是为周顺昌打抱不平，才聚众抗上。整个苏州城，又是打这五个人的"抱不平"……

温柔如苏州，蝇头小利面前，让他三分又何妨？但在大义面前，自有拍案而起金刚怒目时。

春日里，后园的花草很好，有小黄花散在碧绿枝条间，醒目但不招摇。地砖有些破碎，踩上去"哗啦啦"的响；名动一时的英雄们竟然这么朴素，没有影壁也不要照墙，也不要崇拜者的熙熙攘攘。

《五人墓碑记》是绝世好文，一个问题振聋发聩：当社会、朝堂上邪风劲吹的时候，"缙绅而能不易其志者，四海之大有几人欤"？掌握着资源、有影响力的贵人们，都没有人出头的时候，这五个人生于民间，却能坚守大义，九死未悔，是什么缘故呢？

死生之事虽大，但匹夫之有重于社稷也！

崇祯年间，魏忠贤事发败亡，周顺昌小官身份，谥忠介，与名臣海瑞同谥。斯人已逝，谥号继续流传，也是给这五个人和全体苏州人的。

所以，这才是一个好地方。每个人到山塘都会来一趟，踩得碎了的地砖"哗啦啦"的响。

君子和而不同？再见，南社，梦想

当时光倒流一百年，十一月的秋天，我们正徘徊的那个位置，苏州虎丘虎阜桥堍的张公祠里，十几个文人，正在"雅集"。

这实在不是一个"雅集"的好时候，凄冷秋，叶落卷去暮色，国家破落。过去名士要风雅，多是狎妓船游，欢饮达旦，而这张公祠实在有点荒，衰草都没有人拔。

这些平均年龄不超过三十岁的年轻人，仰着头看。

现在我们仍然能看到当初他们看的东西，就是一块飞檐下面的木板，而且没有雕花。

他们也许只是在寻找。希望能有个答案。

张公祠，是个什么祠？

这是张国维的祠。张国维曾任明朝最后的兵部尚书。在那个时候，崇祯皇帝谁都不信，兵部尚书基本就是个空衔，然而后世《明史》却给他专门列传，字数达一千五百多个。在苏州，他的传说更多。江南十府巡抚，在苏州治理水河，从一个纯文科练成了一个水利专家。据《明史》所载，短短数年，张国维率人"筑太湖、繁昌二城，建苏州九里石塘及平望

位于山塘街的张忠敏公祠，现为中国南社纪念馆

内外塘……"范围之广，工程之大，救人无数，为明代仅有。

这几年他的生活怎样呢？不到四十，"须发竟无一茎黑者"，全白了。山东大旱，他又像个二道贩子一样把苏州的便宜米运到山东，一方面使苏州人获利，一方面将得到的钱用于广开粥厂。

苏州老百姓于是自发在虎丘大堤为他建生祠祭祀，就是这里。

二十二岁的柳亚子和他年长的朋友们此刻看着老旧的祠堂，激荡着先烈般的热血，还喝了酒。他们振臂一呼："操南音不忘其旧！"陈去病说，"所以取名南社，是对北而言"，喻不向清廷之意。

追随先人，中国近代史上最大的革命文学社团成立了，史称"南社"。

武出黄埔，文出南社。

这是一群疯子，理想主义的疯子。"君子和而不同"，疯子呢，千里长歌偕同疯。朱梁任、包天笑、苏曼殊……有人是革命者，有人是鸳鸯蝴蝶，有人皈依佛门，领头的朱梁任最"结棍"（厉害）——慈禧太后做寿时，这人有意在街上素服招摇，被清吏逮捕，后被误认为疯子而释放。梁启超曾说"少年中国"，清末之时，所有人都少年慷慨，狂飙奋进。

南社规模到底有多大？在绍兴、沈阳、广州、南京和南洋等地相继成立的南社之分社，分别称越社、辽社、广南社和淮南社；社员前后总数达一千一百八十人，连同各分社和社友人数算上将超过三千人，可以说囊

位于山塘街桐桥东岸的绿水故园，是中华南社学坛常设组委会、中国南社文化遗存保护联盟主席团、中国南社研究会总秘书处所在地

括了大半个中国知识分子的精英。

因此，曾经以"牢骚"而出名的南社首领柳亚子，自认一生抱负无所实现，但1936年时，他却"发现"自己并不用太过懊恼：这十年的政治文化，可说文经武纬都在南社的笼罩之下。革命元勋有黄兴、宋教仁；文学上有鲁迅和鸳鸯蝴蝶派；有一个时期，南京行政院院长是汪兆铭，代理立法院院长是邵元冲，考试院院长是戴季陶，监察院院长是于右任，而中央党部的秘书长是叶楚伧……

这个慢慢觉醒的中国，军人半黄埔，政治文化尽归南社。

然而这已经是南社的尾声。他们曾经意气风发，他们曾经快意恩仇，他们曾一起为实现理想开了个好头，却没想到落下一个花落成泥碾作尘的结局。

公元1912年，重滞腐朽的大清帝国巨舰终于沉没，浮出一个百废待兴的"中华民国"。"革命尚未成功，同志仍需努力"的时候，哎？大家却掰了。

关于掰的原因，说法太多。有的说，是诗文见解不同；也有说性格不投，负责人柳亚子的脾气太拗；也有人说1923年北京国会选举总统，南社的老弟兄里有十九名社员受贿投票，柳亚子与其他社员义愤反对，社务停了……原南社解体后，又有新南社，又建了"南社纪念会"……可是当年一个战壕的弟兄，做官的做官，埋头书堆的不闻声息；剩下的文气还在，但志气却很多也馁了。

但有什么可唏嘘的呢？

人的选择是他自己的，百样米养百样人，但在一个危难的关头，为了"咱们的国"，为了"咱们的土地"，如此不同的这些人都曾一心一意，这已经让我们赞叹不已。

桃花坞大街：小径分叉的桃花坞

似花不是花，三分春色，二分尘土，一分流水

要比喻一下桃花坞大街究竟像什么的话，会突然发现自己的想象如此匮乏。或许不是个人想象力有极限的问题，而是桃花坞大街的含义太过丰富，让人难以一言以蔽之。就像一张线索错综复杂的网，每条线索又都结绳记事一般地记载着关于人世间的种种偶遇与巧合，单放在时间维度里观察时，你会发现这些"偶遇"实在太多也太密集，就像博尔赫斯那座小径分叉的花园，因此只好这样说：桃花坞啊——似花不是花。

说这话的不是别人，是苏州人的老熟人——苏东坡。这位诙谐疏阔的大胡子诗人在传说里总有点毛毛糙糙的，比如在定慧寺巷里吃着麻油馓子教老阿婆怎么做广告卖点心，结果好端端一位豪放诗人，却总让人觉得他那蓬大胡子上夹着几粒馓子的碎屑似的。

似花还似非花，也无人惜从教坠。抛家傍路，思量却是，无情有思。萦损柔肠，困酣娇眼，欲开还闭。梦随风万里，寻郎去处，又还被、莺呼起。

不恨此花飞尽，恨西园、落红难缀。晓来雨过，遗踪何在？一池萍碎。春色三分，二分尘土，一分流水。细看来，不是杨花，点点是离人泪。

《水龙吟·次韵章质夫杨花词》，这是苏东坡一生中不多的婉约风

格的词，美得令人心碎。

　　这首词作于暮春时分，阳历三月下旬开放的桃花已经褪尽颜色，四五月份的柳絮开始满城飞花的时候。苏东坡应邀来苏州桃花坞小住，并为隐居于此的一位老朋友章楶（字质夫）写了一首和词。看来在宋代，桃花坞附近的风景，除了十里桃花，柳树也很繁盛（杨花是柳絮的别称）。

　　既然有和韵，当然有原词。章楶原词是：

　　燕忙莺懒芳残，正堤上、杨花飘坠。轻飞乱舞，点画青林，全无才思。闲趁游丝，静临深院，日长门闭。傍珠帘散漫，垂垂欲下，依前被、风扶起。

　　兰帐玉人睡觉，怪春衣、雪沾琼缀。绣床渐满，香球无数，才圆欲碎。时见蜂儿，仰粘轻粉，鱼吞池水。望章台路杳，金鞍游荡，有盈盈泪。

　　桃花坞老住户章楶的词不错，不过让苏东坡抢了风头。王国维《人间词话》里老大不客气："（东坡词）和韵而似原唱，章质夫词，原唱而似和韵"——这东坡和的词倒像是主词，章楶的主词倒成了和韵！

一主一和，大有讲究。古代诗歌酬唱有不成文的规矩，和词者的和韵，艺术上最好不要超过被和的主人，有多大才气在这个时候都要压抑一下，是龙盘着，是虎卧着。推而广之，若酬唱中有明显的宾主关系，大家都要捧个场子，否则就要结梁子。这是文人间的客气，一团和气——这是文人的江湖。不过千年来总有破局者，如兴建宝带桥的那位苏州好官王仲舒刺史，当年就是被一个"不讲规矩"的野小子王勃，在滕王阁用"落霞与孤鹜齐飞，秋水共长天一色"踢了场子，原本王仲舒的岳父为了使贤婿在文坛扬名立万而做的局，硬被王勃截了和。幸亏王仲舒人品宽厚，笑笑就过，然后就为苏州人民服务去了，最后照样名垂青史。

不过，一肚子不合时宜的苏东坡大胡子管他作甚！同样的，文人出身、行伍立身的章太师管他作甚！好朋友不会在意这些。

我们得介绍一下章楶。桃花坞的出名，恐怕他立了重要的一功。

今天建在古代桃花坞原址基础上的桃花坞大街，位于人民路北段西侧，东起人民路，西到宝城桥弄，原名桃花坞，在唐宋时期就因绵延数里的桃林而著名。春来古城的时候，桃之夭夭，灼灼其华，红云翻跹，蔚为壮观。宋代，此地为太师章楶（章质夫）归隐的别墅所在，他因地名而命名自己的园林为"桃花坞别墅"。

章楶（1027—1102），字质夫，浦城（今属福建省南平市浦城县）人。这是一位文人出身的武将，干过知县，掌过刑狱，最后去带兵，是北宋哲宗时期名将之一——北宋一朝搅扰边境不宁的西夏，在他的手下服服帖帖，大宋朝野都称之为"章太师"。

半生动刀枪的搞不过一生舞文弄墨的，倒也说得过去，何况是煌煌整个中国文学史都排得进前十名的苏东坡；但章太师的词，真的不如"大苏"吗？

望章台路杳，金鞍游荡，有盈盈泪。

　　章台路，章台。章台是什么呢？章台是汉长安街名，歌姬娼妓汇集的著名"红灯区"，闹得当时长安京兆尹张敞（爱给太太画眉的那位）路过时，都羞臊地用便面（状似后世的团扇）挡住脸，并喊车夫"快点快点走"——"章台走马"就是这么来的。按风流不羁的"大苏"的理解，章台自然是莺燕之地，所以和韵当然要"梦随风万里，寻郎去处，又还被、莺呼起"。

　　不过，章台还有另外一个解释，这个解释虽不太流行，但可能是最原本的典故：庙堂。

　　春秋时楚国有离宫章华台，战国时秦宫中也有叫章台的建筑，并且，都是处理国家政务、外交事宜的重大场所。比如《史记》里秦昭襄王想赖人家赵国国宝和氏璧，结果反而让赵国使臣蔺相如反将一军的"完璧归赵"，就发生在秦国的章台。后来秦始皇统一六国，"徙天下豪富于咸阳十二万户。诸庙及章台、上林皆在渭南"（《史记·秦始皇本纪》）。可见章台的政治隐喻性有多高。

　　"大苏"一辈子怀才不遇，多数时候都是游离于庙堂之外，难得一窥全豹。但章太师恐怕不是这样的，他可是正经八百的老官场，干知县干得好，干司法干得好，搞经济建设有一把刷子，打仗也不含糊，摆得平前后左右、领导下属、敌人百姓。在中国古代官场，没有极高的情商和智商是做不到的。这个"章台路"里，恐怕大有文章。

　　一言难尽的历史总给人们带来不少耐人寻味的内容——1100年，赵佶即位，就是宋徽宗。时年七十三岁的章惇以年老为理由辞官。尽管徽宗多次挽留，但这位宦海沉浮多年、有识人之明的老官还是决心退休。当退休的一刻来临，章太师终于获得了大圆满的结局。在漫天桃花纷飞的地方，迎来一生的结束和升华，是美的；但纷飞完桃花后，那桃花坞漫卷的柳絮又是谁的点点离人泪呢？

费仲琛故居

1127年，章粢离开这个世界后第十五年，靖康之变，北宋灭亡，世事浮云变古今。

桃花坞，桃花依旧笑春风，风轻云淡，淡淡柳絮，絮飞花乱——真个是三分春色，二分尘土，一分流水——无可奈何变了人间。

清风明月本来无价，桃花庵下桃花仙

桃花坞大街176号。费仲琛故居的天空，也曾乱云飞渡。

费仲琛是袁世凯幕僚，任邮传部员外郎兼京汉铁路事，是袁世凯长子袁克定的连襟，但他不徇私情，反对袁世凯称帝，辞官归隐苏州。1923年，费仲琛买下这老宅，整修后，以梦墨亭等唐寅轩榭旧称为名，又从耦园买来灵璧石装点，请了二十个壮汉才搬回来——果然是安徽灵璧县的好石，用硬币敲敲，像敲在一个注满水的缸上，发出"喤喤"的回声。

像一个暗喻，章太师请退，但后世那位文化大师、费仲琛之子费巩（1905—1945）却勇进，最终因反对特务统治而被中统暗杀。斯人已不在，但名言如园同在，古风仍存，"有人格，有骨气，担负得起重任，经得起打击，不被恶势力同化"，一直回响在人们耳边。

大历史的风云有时让人难寻方向，但俗世也是一种修炼；毕竟，生活本来就是和麻烦天天面对面。

时间跑到明朝的桃花坞。

这次惹了麻烦的是大艺术家唐伯虎。

街巷中的唐伯虎与艺术和哲学中的唐伯虎不太一样，他的风流韵事自有人去说道，他的跌宕人生也有他人来编纂，反正他总会像神仙。

来吧，买套房子怎么样？保证让你从神仙世界一跤跌入凡间。

唐伯虎也许未必是中国最有名的画家，但无疑是中国最有名的房奴。

有人疑：房奴是贷款买房，从嘴里掏食喂房子的，唐伯虎，年少成名，闲暇工夫点秋香，诗、书、画号称"三绝"，一幅《春风修禊图》，曾拍出七百五十万港元的高价，一个扇画十几万，刷几幅字房款不就齐了？

但在唐伯虎自己的笔记里，他确实凑不齐房款。这个死时只有五十四岁，并不像传说里那样风花雪月的伟大画家、诗人，几乎是把半生放到了自家房子上，人生最后几年才解了套。

因为唐伯虎买的房子，就在桃花坞。

要说普通房子价格，明朝苏州不算是个特别贵的地方。冯梦龙在"三言"中的《赵春儿重旺曹家庄》里说，低档房产，比如："可成道：'在坟边左近，有所空房要卖，只五十两银子。'春儿就凑五十两银子，把与可成买房。"

明朝中期一两银大约值人民币六百至八百元（有关人民币和古代银

两的兑换比率，在历史上有过很多争论，有关学者关于钱制也有诸多种意见，本文中所选取的兑换比率只是其中之一，仅供大体参考）。坟边房子，地段不好，风水不利，建筑也是土坯，多少钱呢？大约四万块钱。

不过高等大宅院，已经开始出现现在的规模：千万以上。还是"三言"，《桂员外途穷忏悔》里，施小舍人被流氓地产中介坑了，千万银两的"别墅"缩水抽成四千两，这个冤大头真惨。

那么桃花坞是什么级别的地方呢？《吴县志》记载，桃花坞在"城西北，阊齐门之间，汉时为张长史植桑地。宋熙宁间梅宣议在此筑五亩园。宋绍圣中，章楶筑桃花坞别墅。南明吕毖又筑采香庵"。

有文化有历史有风景，这里的价格怎么样呢？

当年唐伯虎三十六岁，正是遭逢大变、人生最低谷时候，苏州城北桃花坞双荷池，成了他的归宿。

现在算算。双荷池地方是阊门内桃花坞地段，但地段并不是最好的；园子荒了多年，就是一块"死楼盘"，不要多少钱，三百两银子而已——大约现在十八万到二十四万之间；当时这种地价房价，中等之家尚负担得起，应该说，唐伯虎运气实在不错。但对一生与潦倒为伴的唐伯虎来说，这个价钱已经让落魄的艺术家搔破老头皮了。

幸好老朋友文徵明在，他这时在北京当官，也有些家底，很仗义：老唐，这钱我出了！

但唐伯虎没有干。他一字一句向老朋友借了钱，找人用船把自己的藏书拉到文家当"抵押"。又经过两年疯狂作画、卖画，像个松鼠一样一个坚果一个坚果地积攒还钱。这个时期，唐伯虎画了大量扇面。这种小画画得快，卖得快，能来钱——现在很多从香港、北京等地的大拍行拍卖收藏的他的扇面，说不定就是那时他的"敷衍"作品呢。甚至为了销路，他还画过不少春宫画——老唐此类作品据说非常受欢迎，成了品牌——真不知面对那样的市场，身为艺术家的他，心里该怎么想？

两年后，明显衰老了很多的唐伯虎把房款放到老朋友手里。这个"按揭"真不容易。

然后是十几年的一草一木一砖一瓦地打补丁，这又是一笔巨大的开支。唐寅买下这里后，先后建成了"学圃堂""梦墨亭""蛱蝶斋"等雅筑。还遍植梅兰竹菊，而种得最多的是桃树。唐寅一生酷爱桃花，因此把它取名桃花庵。

桃花坞里桃花庵，桃花庵下桃花仙。

桃花仙人种桃树，又摘桃花换酒钱。

当你看到、听到甚至吟诵《桃花庵歌》时，请记住，这是浪漫主义的唐伯虎、梦想中的唐伯虎。

十朝风雨苦昏迷，八口妻孥并告饥。

信是老天真戏我，无人来买扇头诗。

……

书画诗文总不工，偶然生计寓其中。

肯嫌斗粟囊钱少，也济先生一日穷。

……

这是现实主义的唐伯虎、老病饥寒的唐伯虎。唐伯虎就那样独坐草堂，留下这日记一样的诗。他到死也没把园子卖掉，死在那旦。没钱买坟地，就葬在那里。

唐解元浓妆的光辉事迹在这个微雨的下午安然地褪色，还一个清白的背影在你三五步外停住。

于是，无论《蕉窗杂录》还是"三言"，都有鼻子有眼地描画，弹着三弦和琵琶，大家一心一意地就是想叫唐伯虎点秋香。好吧，他到底还是桃花仙。

《姑苏报恩进香》 套版 苏州桃花坞木刻年画博物馆藏

年年岁岁人不同，岁岁年年画还似

今天的桃花坞，木刻年画是它的招牌。

原因无他，谁不曾贴过年画呢？

准提庵，唐伯虎的祠里，暖阳一地。这里是今天桃花坞木刻年画社的所在。听说唐才子当年穷极时也造过年画，一样做三张，再雕新版，最后亏了——这是一定的。当年的辛酸隐忍，如今成了逸事，大家说来笑笑。

师傅用棕刷饱蘸了墨，刷在雕版上，一张宣纸按压在上面，长条的棉榨均匀地压过。一丝一缕，好像相机底片的显影，各种年画渗透在我们眼前。

《姑苏玄妙观》 套版 苏州桃花坞木刻年画博物馆藏

　　苏州的桃花坞木刻年画与天津杨柳青木刻年画并称"南桃北柳"，但就像苏帮菜一样，桃花坞年画从来都是特立独行、温文尔雅或者轻松幽默的。这一点和其他地方的年画不太一样。比如北方人更认为年画的由来，应该如《西游记》里所说，因为唐太宗收了老龙王的礼，但没救老龙王的命，导致冤鬼讨说法，不得已，秦琼和尉迟敬德只好把门打鬼，人们画了他们的形象，成了年画。可到了苏州，老太太们撇撇嘴：打鬼的故事哪有"和合二仙"的故事更叫人爱听？

　　话说苏州年画的由来是唐代寒山和拾得这对朋友。传说很"青春偶像剧"，两个人同爱上了一个姑娘。寒山觉得还是自己退出好，成全了拾得吧，于是就跑到苏州枫桥削发为僧。这招也是"苦手"：我都出家了，拾得想让也就让不成了。

谁知道拾得也出了家，舍了爱人。后来两人见面，拾得折了一枝荷花见礼。寒山急捧饭盒出迎。两人开山立庙，就是后来的寒山寺。

虽然是传说，但我们看惯了俗世凡尘中为财夺命，见色忘友，世上纷扰，为利往来的件件桩桩。到了清朝，雍正皇帝听了近臣讲的这个故事，沉默良久。后来祭天封禅时，他下了一道诏书：朕代天封寒山为和神，讨拾得为合神。

和睦、同心。于是有了现在我们挂在嘴边的"和合二仙"。大家把他们挂在中堂，看着看着，一家人和合同心。

这是教化人的。

还有叫人忍俊不禁的。

比如文庙地摊上，就看见这样一套"男怕女"的年画：

《清朝世界十怕妻》。讲的就是清末时候苏州男人的家庭生活。听听，每张上还有有趣的词：

第一老官本姓高，妻房面前会讨好。

店务事体都周到，闲来遂把大腿敲。

第二老官本姓谭，烟酒嫖赌弗敢犯。

倘有朋友来请他，夜里定要跪踏板。

……

第九老官本姓曹，心里想要讨个小。

妻子面前说勿出，瞎三话四鬼讨好。

第十老官本姓贝，只为怕妻发了财。

每朝对妻下一跪，元宝自己滚进来。

有个朋友看了，感慨地说：苏州男人的确了不起——第一，理论水平高；第二，胸怀够宽广。

绝不是笑话。

想想看，天下"妻管严"常有，而能将"妻管严"归纳总结上升到理论高度的，仅此一家，别无分号。金才子批《水浒》，唐才子铺排《四美图》，风流只在笔墨间。有说金才子圣叹临刑嘱咐儿子，将常见的某物与某物同吃能品出大闸蟹味道，可见平日亲爱的娘子是怎样地给男人紧缩银根，导致了这个绝世发明。仔细分析，"店务事体都周到"，心细；有闲暇，还给妻子捏肩捶腿，会疼人；"怕"老婆结果是"烟酒嫖赌弗敢犯"，禁绝恶习，认真工作，有什么错？当然，即便是有点"偷腥"念头，"想要讨个小"，但也只敢"思想犯"，"瞎三话四"下来，自己心且先虚了，或是愧了，结果对老婆更加"鬼讨好"。终于，在"严格监管"下，男人们努力奋斗，"只为怕妻发了财"，"元宝自己滚进来"。

最妙的是，这真正是呈现在当时最大规模的平面印刷品——年画上！没有大胸怀，怎肯轻易贴出来？

实际上，这并不是说苏州的女性厉害，看看图上个个表情忍俊不禁，大多扯着孩子、忙些家什的娇小女人，说是抬手要打，都是摆个俏生生的样儿。男人看了这柔情似水的"喝骂"，骨头都酥，腿弯一软，甘做自己老婆的牛马了。

这就是桃花坞，有历史有民俗，简单的风景，却有不寻常的思绪。是了，也许年年岁岁人不同，但岁岁年年画还似。

历史有时真如博尔赫斯《小径分叉的花园》中所说：

时间有无数系列，背离的、汇合的和平行的时间织成一张不断增长、错综复杂的网。由互相靠拢、分歧、交错，或者永远互不干扰的时间织成的网络包含了所有的可能性。在大部分时间里，我们并不存在；在某些时间，有你而没有我；在另一些时间，有我而没有你；再有一些时间，你我都存在。

这里永远都是画里的桃花坞。我们来了，横看竖看，左看右看，看出不同，看出了很多自己，最后默默无语，再离去。

贰

春风门巷

——小巷深处的文化断章

　　如果说深厚的苏州文化就深埋在我们此刻站立的脚下，那么如古藤老根一般将其细密牵连的，就是苏州的街巷。当我们顺着这些疏密有致、纵横交错的根脉细细探求，推本溯源，那些原本看起来错综复杂、灿若繁星的苏州文化生活断章，便在这里被一一理顺、拼贴，开始现出它们本源的灵魂。

瓣莲巷：一座城市的"本草纲目"

　　东出养育巷，西出剪金桥巷。瓣莲巷在城市系统化管理程序里，就只有这一段短短的代码。

　　古老的建筑，现在已少有年轻的成功人士愿意居住，但其中充满人烟、人气的传统时代的生活方式，仍旧吸引外来者扣动快门记录，然后冲印成照片，镶进满溢着"财智主义"气息的钢铁水泥丛林墙壁里，看看，然后感慨。

　　"财智主义"楼盘有这样的生活吗？草根自有草根的精神。

有意成错的名字，可笑微末的面子

　　巷陌城西断复连，卜居无恙度年年。

　　板察怀旧难成市，赚得谐声误瓣莲。

　　纵跨清朝、民国、当代的苏州大书家、南社社友、范烟桥族叔范广宪曾经这样描述这条悠长小巷。

　　瓣莲巷的风景是怎样的？

　　初到苏州之人，乍一听"瓣莲"，眼中要么闪现出黄永

玉气势纵横的荷花图，要么会跟着周思聪的冲淡写意进入荷香的水雾，再或者，就是莫奈那个有点不伦不类的东方小园林里著名的睡莲。

这一定是一个名士涵养精神的神奇地方。文化名城不愧就是文化名城啊！

可惜，名士范广宪这首诗已经明确告诉了我们，瓣莲巷不是"瓣莲巷"——这可真叫怪。

毕竟，名字是一个人立身的铭牌、品牌。名不正则言不顺。

瓣莲巷名字是好听，但可惜是清朝"面子工程"的产物——苏州名士不愧有风度，并不为历史上的尴尬时刻遮掩。

现在看瓣莲巷，巷子里葡萄茂盛。老房子过道暗长，有穿堂的徐来清风。从曝晒的马路上钻进来，短暂失明后一拐弯就进了渐渐明亮、清凉的另一个洞天。老墙立柱在午后阳光里发散出厚重的木头香，葡萄的丝藤垂在屋檐上，绿得透明，好像老房子眼睛的睫毛。

但本来并不是这样。明朝时，这里被叫作"板寮巷"。"板寮"，就是人们以木板搭"寮"居住——寮，穿也。东汉许慎在《说文》里解释："穾"字从穴从牙，为穴与穴用象牙贯通之义。故"寮"就是打通房里间隔的长方形空间。再通俗地说，就是木板堆搭的棚户，棚户区。既是棚户区，三教九流横行，少有达官贵人涉足，这里果真曾经是个微末的地方。

这直白的名字直到清王朝建立才发生变化。

这倒不是因为清初著名墨吏巡抚土国宝有多少搞经济、办教育、搞治安的好办法，恰恰相反，他贪墨、嗜杀，还会邀功。江苏在他治下，日子过得不要太苦。

但新王朝上位，总要有新气象，总要营造一点"盛世"模样。土国宝是汉八旗人，"从龙入关"，他一向紧跟。墨水是没有几两，但毕竟还是胸有点墨——盛世的指标，来不了实在的，那就先来点精神胜利法，不花钱还影响大。

改名! 天下都改了元年, 几条巷子还改不了名? 新时代新气象嘛!

于是在那个新王朝的新气象改造风潮中, 很多巷子被换了名, "板寮"谐音"瓣莲", 棚户区变成"瓣莲巷", 象征着新王朝的新精神面貌。现在说, 当然"瓣莲"更好, 文化典雅, 幽静也清凉; 但到底这样的好名字却是为了当年某些人的面子。相传土国宝占领苏州时, 一口气屠了半座苏州城, 真想不到这样好的名字对应的竟是那样的历史惨剧。

多亏微末的生命有着伟大的生命力, 苏州的水土和自然涵养着万千黎庶。上面玩上面的"智慧", 他们以为可以操纵世间生杀, 却不知下面的草头百姓在强风下, 扎根土地, 默默记住"天长地久有时尽"的道理, 把来自于人本的良知和有尊严的生活过成了一种信仰。因为信仰生活和良知, 所以平静; 因为热爱生活和良知, 所以现在大家就能看到家家户户屋檐上并不为哪一人哪一家伸展的葡萄丝。它们是这个街巷的, 而后会结出串串葡萄, 硕果累累——只为自己盛放, 结实, 叶落归根。这样的瓣莲巷, 真好。

草根曹沧洲, "草根"原来是"本草"

宰相祠堂何处寻, 在苏州, 历朝宰辅很多园林故居, 并不好找; 但瓣莲巷里的曹沧洲祠, 却很显眼。

老苏州很多人知道瓣莲巷, 就因为曹沧洲。

而知道曹沧洲, 却是因为粽子糖。这个现在游客来苏州必然在观前街上大买的特产糖果, 就是因苏州名医曹沧洲把采芝斋粽子糖拿给了慈禧太后吃, 而以贡品扬名天下。

在商业化社会里, 这则"粽子糖广告"的主角, 也就是给特写的那

个，除了西太后，就是粽子糖。曹沧洲呢？大约是站在广告广角全景框边边的一个吧。听起来真是个微末的大夫。

的确，苏州辈出的名医中，从来都没有这样脾气的。老实，谨小慎微，甚至有点懦弱，虽乐善好施，但没有张扬的个性，不像前辈叶天士、薛生白，举手投足全是文化，言谈举止里都带着侠义，仙风道骨，住宅都是"踏雪斋""扫叶庄"，风流雅地。

瓣莲巷的曹大夫呢？生性讷讷，打扮朴素，时人评价，走在街上迎面看到，说不定你能把他当成虎丘种花的"乡巴佬"。但他还是使天下大吃一惊——用一副不上眼的草头药医好了慈禧太后。

有文人笔记这样记录了曹沧洲那次超一流的出手。

光绪三十三年（1907），慈禧病了。医案记载，胸肋胀满、食欲不振，眼看人就要过去了，精英太医却束手无策。

皇家心腹单位苏州织造局此时推荐曹沧洲。好，那就让他试试吧。急病不论医出处，老佛爷说。

一个乡间大夫直升金銮殿，多大幸运！可惜曹大夫不这么想。老老实实在家看病，施点药什么的，街上小囝见了"阿爹阿爹"地叫，挺好。

但来宣旨的人是苏州织造局的，直属老佛爷的内勤。曹沧洲接到圣旨，面如土色，据说当时一家老小号啕大哭。太后要不是这条命过不去，怎会老远找他？太后要完，大夫当然没得活。实在是生离死别啊！

传说，老实人曹大夫这趟差确实差点就成了"红差（砍头掉脑袋）"。到了京里，果然有人刁难，要曹沧洲"悬丝搭脉"——这是华佗那年头说说而已的事，今天小学生上过自然课就知道不靠谱。正在挠头，一个太监却救了他。这太监是苏州人，当初父亲病重，无钱医治，幸亏曹沧洲好心免了费用才最终得活；太监于是冒了杀头的险，偷出了老佛爷的食谱药单。

曹沧洲祠一景。老苏州很多人知道醋库巷，就因为曹沧洲

心济苍生

熠熠吴门断版神手入阊治瓦

这下曹沧洲才有了底。

第二天，"悬丝搭脉"照旧要走形式，真正吓煞人的时候是开方子，大家吓一跳：三钱萝卜籽。慈禧这个老太太专喜欢进补，这东西专门刷油，要让老佛爷火了，你也知道同治皇帝死时，多少太医家也出殡了！

胆小的曹沧洲似乎突然胆大包天了。

实际上，从偷来的食谱药单看，连我们门外汉都能看出端倪。这老太太每天山珍海味，参汤当茶，燕窝下饭。这吃法壮汉都受不了。稍微了解中医常识的人都知道，滋补过甚，食阻中焦。中焦是什么呢？中焦为后天之本，气血生化之源——位置在膈至脐之间，今天说的脾胃功能就归属中焦。中焦正常运转，既为血脉提供养料，同时又把体内的毒素排出去。但是要是补过了，闭塞了，那就意味着毒素排不出去，人就麻烦了。所以金元时期著名医学家李东垣在《脾胃论》中讲得很直接："内伤脾胃，百病由生。"而明代周之干《慎斋遗书》更犀利："脾胃一伤，四脏皆无生气。"

归结老佛爷的病因，粗线条一句话：补过了，吃多了撑的。

京城名医多，难道没人看出来？怕犯错。不是专业错误，是"政治错误"——同治皇帝得了花柳病，慈禧硬说是天花——否则，丑闻传出去，一国之君逛窑子得脏病，皇家面子哪里搁？大家心知肚明，只能按着不对路的方子治，活活拖死了皇帝——反正就一条，给皇家当大夫，得什么别得忌。太后说啥是啥吧。

你们当医生的良心到哪里去了？没关系，太医是有官衔的。看起来是病的问题，很可能背后却是别的问题。这里面学问大呐！

但这胆小的苏州草根大夫恐怕这方面"学问"太浅。尽管吓得话都说不出，却还哆哆嗦嗦坚持：三钱萝卜籽。再逼，更哆嗦，还是三钱萝卜籽。

然后就是太后饮了这三钱萝卜籽药汤，当夜跑了几次厕所。

好了。

微末，瓣莲巷的乡邻

瓣莲巷出身不高，但不能说它没有高古的心。

比如清微道院。

这座道院的肇始，在小巷住户的传说中，是来源于宋代苏州隐士沈清微的捐献。这位颇有些风格、热衷修道的隐士并无后嗣，于是临终将自己的私宅赠予道士，改建为清微道院。

实际上，所谓清微派，本是道教符箓三宗分衍的支派之一。"沈清微"的传说，要么是小巷生民将神秘的神祇人格化的结果，要么是修行者向民众展示神法无边的例证。但这座由清微道派在南宋端平年间修建，明嘉靖、崇祯，清嘉庆年间曾重建过的道院，它的第一个主人，大家宁愿忘记学术的考证，而情愿他是一个好人——你看，民国初年它还做过一个名叫"清微小学"的学校，教授的，却是完全相悖于"天尊们"价值观的现代科学和近代文化。

所以有好人，就够了。

回到曹沧洲的祠，瓣莲巷4号。原本它有三进，现在已经成为两进的建筑了。面阔三间，匾额上书"心济苍生"，有享堂、厢房，后有小院。不宏大，也没有惊人艺术性的装饰，素朴得很，干净得很。

这是曹沧洲原来开诊所的地方。一个穿了青布袍子，貌不惊人的老人，带着徒弟给穷乡邻看病施药，不收分文。也有说法，后来他不再动手诊脉，而是由学生代替，自己只是根据学生的诊脉情况开药，据说是因"给皇家切过脉"，所以成了"金手指"，就不好再给老百姓用了——这更像是一种附会的传说。

采芝斋粽子糖其时销路并不好，他出"食补"的主意说，你们加进贝母、薄荷，谁都买得起，又做糖来又做药，一举两得。于是采芝斋销路大盛。

疾风知劲草，同样，一片落叶也知天下秋。这个被人称为"没有政治头脑"的医学专家，实际上心中也有一面关于世相万千的明镜。后来慈禧又咳嗽，面色苍白，眼圈发黑，御医恐慌，不知病源。召来曹沧洲看，他知道这病在心里。他打听到慈禧爱美，先献上宫里没有的苏州新绸，让老太太高兴起来，然后再献粽子糖。粽子糖十分好看，口感好，慈禧顺嘴问这糖叫什么名字。这时曹沧洲不紧不慢地说，这叫"粽子糖"啊。粽子谐音"众子"，说中了慈禧面对帝国后继无人的苦恼和压力。压力说出来就好了一半，慈禧一高兴，病情减轻了许多。然而怎么治呢？也许这对医患都知道，这个国家最大的病体，是永远也治不好了。

一年后，曹沧洲终于得以辞京回乡，继续他悬壶济世的生活。还是那么老实本分，亲切如一个老乡邻。现在我们能看到的老祠堂，前厅朝九晚五地进出老邻居；后进是享堂，但安装了空调，街道居民家庭条件有好有坏，天太热大家可以都到这里来乘凉，喝茶。院子不大，比起拙政园，它简直就是乡居；但有树，有鸟，有自然。

曹沧洲，瓣莲巷。草根自有草根的精神。从巷子里头走出，觉得好多所谓宏大有时候未必比微末好。而这些出自于草根的"本草纲目"，也构成了这一座城市在各种历史面前宠辱不惊的世俗生活的绿色底线。

间邱坊巷：一部"苏州人情演义"

究竟是怎样走进间邱坊的？回忆起来似乎是一场突如其来的偶遇。原本是打算去皮市街买两块小灵璧石或太湖石来陪伴家中书案上那株孤独的文竹，结果多年未走的老城老街巷运起了七窍玲珑的巧思，让人一头扎挤进去就迷失了方向。

缓过神来的时候，已经身在间邱坊。

我疑心这是古城给我的一个启示，而且蓄谋已久。

这是一条孤独的巷。除了住户，好像少有人从这里穿过。附近的因果巷、人民路、皮市街，每一条都浓墨重彩，喧闹鲜活。那些热闹，像一个无形而透明的玻璃罩子，将包裹其中的间邱坊与世隔绝开来。

于是，间邱坊就似乎悬空静止在了时空的某一个节点，建筑是漂浮的，大名头的历史人物们和眼前缓行的电动车，还有晒被子和腊鱼的阿婆笑语盈盈地共处在一个天井中，各自忙碌着——水雾弥漫的四季里，古城中好像只有这里独享着一种明亮温热的阳光。这是怎样的一种感觉？

深嗅一口，是浓浓的情义、淡淡的回味。

东起皮市街，西至人民路的间邱坊巷

义气千秋: 阊邱, 虎丘, 孰重?

苏州巷子那么多, 名字也就不少。名字有时就是指代者的密码, 就说人民路原来叫护龙街吧, 肯定不会是因为有哪个小民叫"某龙"而得名; 翻开历史一看, 果然, 康熙皇帝威风凛凛打这里黄土垫道、净水泼街而过, 小民百姓乌泱泱地跪了一片。同理, 这些巷子的密码里, 有的给了风雅, 有的给了名人, 有的给了权势, 古人说"天地君亲师", 这五行各种巷子名都占全了, 唯有眼前这一条另类, 是属于朋友的。

阊邱坊, 是一条朋友们的巷。

这对朋友, 是阊邱孝终和苏东坡。

阊邱孝终, 苏州人, 曾任黄州太守。这个人做官, 成绩史书上不多, 寥寥几笔, 诸如清廉、勤奋之类; 不过他到底是做了一件让举国上下都很佩服的事。

阊邱孝终在黄州任太守时迎接了一个来自京城的特殊人物: 苏东坡。

这个时候的苏东坡, 可不是后来通达了的那个大文豪, 那会儿, 他正在倒着一生中最大的霉。当时, 苏轼因写诗讪谤朝政 (又一莫须有罪而已), 被贬为黄州团练副使——名义上是个小小的县武装部副部长之类的公职, 实际上, 就是被圈禁了, 时刻处于被监视之中。龙困浅滩遭虾戏. 虎落平阳被犬欺, 人人唯恐避之不及, 更别说还有人暗地里下绊子, 记小账。比如苏东坡倒霉就是因为前同事, 后来在中国历史上大大有名的沈括——写《梦溪笔谈》的那位大科学家——骗了他的诗稿来污蔑他"谤讪新政", "无君臣之义"。苏东坡在黄州的生存状态, 可想而知。作为黄州地区的一把手, 阊邱孝终怎会不懂上司的意思? 盯紧点, 多打打这个"言论思想犯"的小报告, 欲擒故纵——以苏轼这种人的不合时宜脾气, 简直是一挑一个准, 这是多好的天赐升官机会! 但是这个太守到底还是个苏州式读书人,不仅没有听从暗示,打击排挤苏东坡,反而和这个正处旋涡中的倒霉蛋惺惺相惜,成了好友。因为极其敬重苏轼,凡有宴会,闾丘孝终总要请苏轼一起出席,逢人就推荐苏才子的才情文章。就连大胡子自豪的字号"东坡",都是来源于闾邱太守帮他置办的那个在城"东坡"位置的草堂。

对苏东坡而言,风景再好又如何?朋友才是真正的良辰美景。就和王阳明说的"我高兴时花就开,不痛快时候花就败,自在我心"是一个道理。

闾邱也许只是苏轼一个人的闾邱。闾邱坊是世间患难见义气的闾邱坊。

这就是交朋友。

七百年后欧洲有个福楼拜,说:我要的朋友不多,能填满一间小小的书房就好了。他的学生莫泊桑眨眨眼:老师你还真贪心。

是的。杭州有西湖,左近名胜无数,苏东坡尚且不以为意,杭州的官不做了也要整天往苏州钻,就是并不在意景色了;好景需要人衬托,身居闹市,只要有朋友在,就美不胜收,就心旷神怡。其他,都是配菜。

仁心五爱堂:独福之乐,与众福之乐,孰乐?

独乐乐,众乐乐,孰乐?

孟夫子发问,答案好回答,可是一回答,就是这许多年。

闾邱坊巷子东口第一户宅院是一座老宅,老宅见的人世沧桑多了,就有了自己的答案。

一扇赭色木门,门上一对铜狮子门扣,石门楼上三个字刻得扎实——"五爱堂"。院里的洞天让人惊讶,古老结构的院落竟保存得相当

完好，方寸的花园里假山静静地矗立，有些寂寞，也有些闲适。是空关了许久，一个人向里走的时候，感到了一种物是人非事事休的滋味。但约莫走了四五进，青砖木梯的肌理，在阳光下踊跃着一种耀眼的光晕，里面仿佛酝酿着一连串隐藏已久的故事，又像一连串隽永的寓言。

许是寂寞的缘故，还是看出了来访者的疑惑？看门人不请自到地指了指廊下一块新立碑刻，是的，故事都在上面。

应向这座屋子致敬。清朝所建，资历虽然在古城中不算辈分最长，但它的上一任主人却有些来历，就是当时人称"纸大王""纸老虎"的巴西华侨詹沛霖。

詹沛霖原籍安徽，因祖上家道中落，到父亲一辈已在苏州安家落户，成了地道的苏州人。詹沛霖从小在苏州城的余源钱庄当学徒，天赋使然，今天说，就是经商的天才。十七岁的时候，正值"一战"爆发，身处上海后院苏州、嗅觉灵敏的詹沛霖发现了机遇，于是辞别父母，一领蓝布长衫闯上海，开始了他的商业传奇。

事实上，商业传奇之类的成功学，今天已经泛滥，可以不用多说。但是詹沛霖有两件事，在今天看来，都是超前的。第一就是自学英语，跳开掮客，直接跟外国人打交道，而且这个英语是他最初给师傅家的孩子做伴读时候积累起来的，后来还专门上了数年的夜校——这是苏州人血液里根深蒂固的基因——重学识，好学问，如饥似渴；第二就是经商成功后回馈社会——这个精神，一直可以上溯到北宋的老苏州范仲淹，财货一时，不如造福一世。对了，他们都是从苦日子一步步走过来的，有这样的举动，或许也是对世态炎凉的深刻认识和积极改变吧。

碑上书，这宅院建于清嘉庆二十一年（1816），原先名为静中院，当时的主人是谁并未记载，后来这里被詹沛霖一家购下。"文革"期间，宅子被众多住户占用，庭院荒芜，面目全非，20世纪80年代后，政府逐渐落实政策，将西路建筑归还给詹家。邻居们是见过詹家"大手笔"的：先是出资十七万元将住户迁出，又花八十万修复——那时候，这几乎是天价——看来老詹家要再续辉煌了。

接下来所有人都大跌眼镜：捐了！

新建的漂亮老房子，眨眨眼，捐给了福利院。这还不算，后来房管部门打算将东路建筑改造出售，因为怕老屋被毁，詹家又出资二十万将房屋收回，花一百万重建后再次捐给福利院。

他们在想什么？

老房子给出了答案。重修之时，詹家给院落命名"五爱堂"，代表兄妹五人和睦相爱，也昭示着中国传统社会"五伦"的道德标准。《孟子·滕文公》有云："君臣、父子、夫妇、长幼、朋友。父子有亲，君臣有义，夫妇有别，长幼有序，朋友有信。"而詹家捐屋之举，给这"五爱"填充了更为宽广的大义，让人叹服。事实上，詹家人是有心思的：公益，不是消极的"一捐了事"，而是充满了社会道义的积极策划——若直接把归还的建筑捐出，也足以博得美名；但如果那样，这里哪还有眼前的五进八开间大院，哪有这修旧如旧的木梁花窗，哪里有为社会慈善举旗的"王爱堂"？

这是苏州式的仁心——用心良苦、推己及人，仁义远超千金。

爱和自由的薛家园：为着爱情和自由牺牲

那些最为传奇的故事，往往真假莫辨。阊邱坊巷里就有这样一个传奇。

约莫是四百五十多年前的一天，苏州汤勤府里，抬进了一顶素色的小轿。轿里坐的，是汤勤觊觎已久的雪艳娘。雪艳娘的丈夫，是曾经的苏州知府莫怀古。为了这一天，汤勤不惜背叛了恩人莫怀古，投靠了奸臣严世藩，还让手里染上了一条人命。良心、良知谁没有？不过还好，出卖的代价，现在都有了回报，汤勤出一口虚气，提起欲望的胆子，推开了屋门……

屋内的纱帐里，雪艳娘挺直了背，端坐在床沿上。掩在袖子下的手微微颤动。不久之前，她还是莫府美姿。莫府有一只祖传玉杯，莫怀古常拿来把玩。"酒入玉杯，有雪花飘飘之感"，唤作"一捧雪"。莫怀古救下了困苦的裱褙匠汤勤，汤勤却将玉杯之事告诉了奸臣严世藩。为保玉杯，莫怀古弃官出逃，被捉后又有忠仆替他赴死。汤勤却不依不饶，非要查玥死去的"莫怀古"是假的。人们只道是严世藩想要霸占莫家那祖传玉杯"一捧雪"，却不知汤勤私欲，图的是她莫家雪艳娘。听到推门声，

五
爱
堂
里
的
家
驹
楼

她深吸一口气，用力握紧了手中的利器……

是的，故事里的人物不顾我们的意志，执意要展示几百年前这一幕惊心动魄的刺杀。画面的最后，是手刃仇人的雪艳娘，用同一把利器结束了自己的生命。

雪艳娘对丈夫的情义，给了她报仇的勇气与面对死亡的坦然。不知莫怀古再捧起玉杯时，是否会见到上面的一点血色。

这个故事最广为人知的版本，是明末清初戏曲家李玉所写的传奇《一捧雪》。李玉的文字也并非杜撰，严世藩、戚继光等都确有其人，而莫怀古的经历，也与明代史料中王忬《清明上河图》的经历吻合。众多的说法里，有一说，就是雪艳娘死后被葬在了这间邱坊巷中的薛家园里。

　　巷子里的许多人已经不知道薛家园所在。跟随老人指引，找到了巷子南侧的一条小岔道。小径斜着向里蜿蜒，到尽头又往南一折，却是与南侧的因果巷不通，位置十分僻静。问巷中居民，道这里便是薛家园故址了。小径不足一米宽，东侧是一片老屋坍塌后的砖瓦，右侧几户低矮民居。登上民居屋顶天台，能看到西侧一大片空地，作了停车场。地形倒也与史料相符，为东西两园的格局，可惜园子终究没有留下丝毫可见的踪迹。

　　文豪有言"都付淡淡的血痕中"，是不错的；然而，这一切，又是"为了忘却的纪念"。爱是什么？为什么老话常说"夫妻同林鸟，大难各自飞"？剧中的知名文人莫怀古弃官出逃，将身后所有责任抛给了这个毫无依靠的侍妾，她的牺牲，为的是什么？

　　有人常感怀柳如是遇人不淑，却未见柳如是如何将晚节不保的钱谦益拉回道义的正途；雪艳娘或许也是如此。除了爱情的坚贞，更多的，是她身上那股玉石俱焚的果决的勇气和为惩叛徒奸佞的侠肝义胆。这是自红拂夜奔以来，中国道义精神的又一条坚韧的红粉之线。

　　这样的女子，或许是虚构，但她们又是真实的。谁说后来者柳如是之辈，不是有着她这样的情怀呢？

　　站在高处回望闾邱坊巷，替夫为义报仇的雪艳娘、修屋捐屋的詹沛霖、"巷主人"闾邱孝终……他们的身影似乎依稀见得，与巷子里居住的人相错而行。这条巷子仿佛静止在过去的某一刻，被城市发展的脚步遗忘了。但它或许不觉寂寞，因为这里见证过太多故事，或温暖，或怆然，共同的是"情义"二字。于是，巷子就守着它的那些老宅院，怀抱着其中情义，等着像我这样被故事吸引而来的人，来与它重新相识。

　　跟随时间的沉淀，一个个有情有义的故事就这样层层相叠，或淡墨，或重彩，绘出了这条巷子的精魄。砖瓦会消失，巷中人也会移居别处，但这巷中义，总是随着来者和离人的脚步，淡淡晕散开去。

王洗马巷：深巷里的古人悟道

苏州的巷子，有时总让人想起大师们有意无意深藏不露的画。怎么说呢，许是老城太小，许是时光落在上面重重叠叠得太多，于是就变成一层层千张百叶，乍一看，春日暖阳里唐伯虎正靠着自家木门吃老酒，看桃花，一阵风吹翻过去，揭开的下页上，伍子胥箫声未落，勇士专诸还在以一敌百呢。

王洗马巷也一样。西百花巷北侧，东起中街路，西到汤家巷，走，可别快，要不一眨眼一排民居里那个小小的城隍庙就滑过去了。黄的墙黑的檐，冬天晴日鹅黄的光透过重重叠叠的时光，好像多层皮影，一个千变万化的人走到面前来。

我们的老前辈，春申君，战国四大公子之一。大公子，小人物，那么多姿态，哪个才是真的？

大大的匹夫，权力的游戏

报告大、大、大、大王！楚太、太子熊完跑了！

宫门口，是魂不附体、结结巴巴的探子，眼睛直盯着地，好像已经被绑在灶台前，只等大刀落颈的鸭子。

朝堂上是一片安静，好像什么都没有发生。

鸭子突然被什么静悄悄地拖走，空气里只有衣服被铁刀划过"哗啦啦"的声音。

这么多人，看不住一个人质，如此无用，都杀了吧。

秦昭王很安静地说。

四周都不敢说话。这个看来和蔼可亲的大王其实喜怒无常，人质在眼皮底下跑了，谁知道他要怎样才会解气。现在大家唯一的任务就是不要喘粗气、打喷嚏、乱动什么的，以免被蓄势待发的大王盯上。

昭王心里也在算一笔账：楚国押在秦国的太子跑了，好容易才让他们把这个宝贝送过来的！以后怎么要挟这个强大的邻居？这个熊完，回去是要即位的，这个仇要不要记在心里？现在要打韩赵，背后楚国乘机下手怎么办？

堂下的卫士开始默默地活动手脚，反正又有活儿干了。

报、报……大、大王……来了……堂下又有一个胆战心惊的声音。

昭王抬眼盯着门官。

大王，楚臣黄歇来报。

一个声音穿过如林的矛戈、颤抖的门官、空旷的朝堂，来到昭王面前。

来得好！昭王笑了，很和蔼，却是咬牙切齿地：能把你们金蝉脱壳的妙计给寡人说说吗？

这个瘦小的男人竟然也是微笑的：实不相瞒，这几天我一直都在对您称太子生了病，其实他是抹了灰脸，装成车夫，驾车走了。

好！秦王血红着眼睛，拔出剑，丢下堂来：好智慧，好忠心！可是寡人最不喜欢被戏弄，你知道该怎么办了！卫士们终于有用武之地了，哗啦一下涌进来。

黄歇捡起剑，左右点点，好像是伸手摆动：

我楚王快去世了，可是太子还在秦国，这样一定会发生政变。我家太子要是当不了王了，大王你用太子约束楚国的目的也达不到了。其实太子完在秦国这些年承蒙款待，是心存感激的，现在回国即位，一定是和秦国交好的，这不是达到您的目的了吗？

啊？昭王眨眨眼。

最后一步棋该出来了。厚礼不是白送。黄歇暗暗地想。

果然，秦相范雎站出班来：大王息怒！黄歇身为人臣，能为自己的主人效死，说明他是个忠诚的人。现在太子完已经回国了，他继位一定会重用黄歇。既然如此，我们干脆也大方些，将他也放了，将来和楚国的关系……

昭王突然又笑了，特别热情洋溢：来来来，我不过就是试试你的，好忠心！回国要代我向完问候啊！

出门，上车，黄歇才感到后背早就被冰凉的黏汗浸透了。

他长出一口气，策马扬鞭：我的计划，才开始呢！

能在秦王手下走钢丝的，除了那个为一块玉要自杀的蔺相如，再没有另一个；而他，连这个都用不到，就如履平地了。他就以这样一个漂亮但又惊险的姿势，走入我们的历史。

他的传奇开始了。

他就是后来的春申君，战国四公子之一。

大概还是要介绍一下我们的老前辈了。春申君黄歇，是黄国贵族的后裔，其实就跟刘备自称皇叔差不多——咱们当年也阔过；不过到他这辈的时候，只能四处漂泊了。不过，学识渊博，善于辞令，而且遇事临危不惧，处变不惊，使他逐渐崭露头角。熊完即位，是为考烈王，黄歇受重用，火线提拔，担任令尹要职，封为春申君。现在说这个令尹就是全国二把手，相当于总理、国防部长一把抓，一时风头无两。

公元前260年，赵孝成王中秦人的反间计，"纸上谈兵"的赵括创造了战国历史上最高战败记录，赵国四十余万兵卒被活埋，秦军围攻赵都邯郸。魏国不敢进击秦军。邯郸危在旦夕。赵相平原君赵胜率门客来楚求援。黄歇新官上任三把火，正碰上了毛遂拔着剑威胁楚王出兵。其实我们现在看到的"毛遂自荐"，实在是有点太传奇，换作我们是楚三，会怎么想？这个鲁莽的大汉让我们看到的只是一腔热血罢了，刀尖顶脑袋，汗如雨下，你试试怎么分辩大道理？

这个剑拔弩张的场面被黄歇厉声喝止。他力主抗秦，亲率大军出征。同时，魏国信陵君魏无忌也导演了一场"窃符救赵"的好戏，取代晋鄙，进军邯郸。三军一处，一举击溃秦军，邯郸之围随之而解。这时，楚国顺手灭鲁，再次扩大了版图，成了当时最大的国家。

后来，苏州、上海、无锡一带就成了黄歇的属地，春申君威望空前。

什么叫见好就收？

苏州话：顺风篷勿要扯足。受恩深处宜先退，得意浓时便可休。

什么意思？

看看我们的老前辈当年的风光吧：

楚考烈王即位，春申君"辅国持权"，掌握楚国政治、经济、军事命运，成为"实楚王"的大封君。魏国人打算联合楚国攻秦，他自作主张说："不必再见楚王了。十天之内，我将率数万军队到魏国。"摄政专权可见一斑。当年赵胜把灵丘（今山东高唐南）送给黄歇当见面礼才争取到毛遂自荐时的那一声支持。

人骄纵惯了，就会觉得很膨胀。公元前242年，秦国已经完成了最后的准备，列国随时面临被消灭的危险，合纵攻秦势在必行。当时，六国中唯楚最强，唯黄歇名望最高。魏国派使者至楚面见黄歇，邀约楚国参加连横。本来这是理所应当之事，但是自我膨胀的先生连大王都没有通报一声，自主决定了。这样的大事架空领导，能不使君主怀恨？最惨的是，战败了。

从此，考烈王对春申君逐渐冷淡疏远，君臣失和。

权力是鸦片，当初还是小人物的时候，光脚的不怕穿鞋的，脑袋都能不要，所以头脑缜密，言出必行；现在好日子过得多了，二十几年相国，患得患失里，就变成漏勺了。

据传说，这时一个心地不正、花言巧语的门客李园出现了。他先将其妹送给春申君；其妹怀孕后，又唆使其妹说服春申君将她献给考烈王，说她生下儿子继承王位后，春申君就是楚国的"太上王"，楚国天下尽握在其手中了——这岂不成了吕不韦的翻版？

做事要有分寸。良田万顷，日食一升；大厦千间，夜眠八尺。我们的老先生居然鬼使神差地干了。李园获得大权，开始准备干掉春申君，有人再次提醒——老先生糊涂了。

楚考烈王死。李园果然抢先进宫，安置武士把守宫门。待黄歇闻丧讯赶进宫，被武士按住头直接斩了，把头颅抛到宫墙外。之后全族被诛。

就这样结束了，八十二岁败亡，偶然而且荒唐。其实一直疑心这个最后的下场有点问题。也许楚王是没有生育能力，但一个年近八十的老头又能好到哪里去？如果说真是被李园忽悠，最后的这个孩子到底是谁的，真难说，也许，从头到尾他都被戏耍了。

被自己的欲望戏耍了。

这是一个大大的匹夫，串联起一出历史上再平常不过的剧情。

小小的城隍，情义的祭祀

王洗马巷如果有生命的话，应该不会太满意自己的名字。

所谓"王洗马"并非现在的猜想，如是不是一个王姓古人在这里开了一个"洗马场"？毕竟过去的马就是今天的汽车的概念，"洗马场"基本上就大概是个"古代4S店"了吧。实际上，此"洗马"非彼"洗马"。

王洗马巷这个"洗马"可是一个官职的名称。在古代，"洗马"实际上写为"先马"——秦代最初设置"太子先马"一职，到两汉时期亦作"先马"。这个职务实际上就是秦汉朝代国家储君太子的侍从官，出行时为前导，待遇比六百石。虽然待遇不太高，但作为太子亲随的储备干部，这个职务还是很抢手的。东汉时，员额只有十六人。到了晋代，又是减为了八人，任务改为了掌管图籍——别小看这个今天看起来是档案科的小部门，在信息极不发达的古代，天下图籍包括法律、政策、国家文件、重要知识书籍、地图等，所以这个部门是个十足的机要部门。刘邦进咸阳，萧何像个饿殍一样见着秦宫里的图籍就拿，最后以此为制度基础与项羽斗争，建立汉朝，可见图籍作用之重要。唐代名臣魏徵就是这个职务出身的。明代大文学家名臣刘定之、清代东南柱石张之洞，都是洗马位子上坐过来的，可见这个官位前途那是"大大地"。

但问题是，到底是何朝何代这里出了这样一位"前途大大地"的官员，并且他究竟是如何"前途大大地"，都已经在历史的大风歌中化为尘烟，事若春梦了无痕了。只余下一个祝福巷中人"前途大大地"的官名而已。

唐寅在《秋风纨扇图》中题过一首诗：

秋来纨扇合收藏，何事佳人重感伤。

请把世情详细看，大都谁不逐炎凉？

这炎凉，还是这里最早的主人的经历最有说服力。黄歇，最初的位置，不也是未来楚王的"洗马"吗？也许王洗马可以这样解释？

如此，这样个巷子的名称，果然是微言大义的；也许"王洗马巷"命名之意，并非是向往权贵，而是对于权贵的反思。

黄的墙黑的檐，两边都是正版的民房。

苏州的城隍庙就在这里。

里面是我们的老先生，管着一地苏州生民的城隍，春申君黄歇。昔年生杀予夺、挥金似土的高高在上的权臣，成了后世慈眉善目、神话里为一方水土评断是非公正、"老娘舅"一样的基层神祇。

现在还是叫黄歇好些，只有恢复了本来的姓名，人才会亲切。人在得势，在台上时候的一切都是戏文，临了到头来被祭奠的倒是当年不经意间给乡邻们办的一点好事。

当年楚国迁都，春申君被封吴地，就是今苏州、上海一带。虽然一时间权势熏天，黄歇到底是个合格的治理者。他修治申江，疏通河道，抑制水患——现在苏州黄埭地区的名字，就是以他的姓命名的。上海的黄浦江，上海的简称"申"，都是因纪念黄歇而得名。

于是我们才能在两千多年后看到春申君的庙。

王洗马巷里，黄歇明黄的庙宇和民居混在一起。明代时候，大家说这人人品不错，对咱们有些恩情，道士们也说他和我们的黄裳同姓，要不就祭他？人们赋予了昔日权力失败者黄歇新的岗位，给了他守护生民安康的职责。今天科学昌明的时代，我们很难知道在神话的世界里，黄歇在自己的岗位上干得好不好，但这个庙能够存到今天，庙里的尊神也

没有被周边进香求保佑的历代阿婆们换届选举掉，就这一点来说，他恐怕干得还真不坏。

　　记得当年他游说秦王时一句话醍醐灌顶：物极必反。大王，贪图眼前利，换得后来祸。不是吗？

　　若争小可，便失大道。他说对了，可是自己当年却没有做到。不是他想争小可，是因为他不知道谁大谁小。他以为给老百姓做的事情是小的，但让他永垂两千年的却是这些看起来小，实际上大如天的作为。

　　所以黄歇到底曾经是个小人物，至于当年的权力游戏的结局和今天百姓赋予的职责待遇，合不合心意，也许只有他自己知道。

书院巷：书院、衙门；他们，那一代

"丞相祠堂何处寻，锦官城外柏森森"也好，"青山有幸埋忠骨，白铁无辜铸佞臣"也罢，可惜现在的书院巷既无苍柏，也无青山，一座昔日老衙门（即现在的江苏卫生职业技术学院）立在阔直的马路旁边，坐看暮鼓晨钟。

宋明的鹤山书院，清朝的巡抚衙门。这里是一座权力场？或者这里是一座记功碑？再或者，这里是一个书香改变历史的所在？帝国的尘埃已经落定，但思绪才刚刚泛起。

书院巷因"书院"得名，却因这座衙门名留历史。这座大衙门里发生过什么呢？为什么巷子不像其他巷子一样跟着里面最有名的建筑命名？如巡抚巷之类，多气派！

走进巷子，翻开那如同硬壳封面一样的大衙门，走进去，看看，想想。

笑话还是传奇：借问巡抚何许人

时间是1930年。上海。

寂照和尚是不行了。安静。只余侍者轻轻走过时窸窸窣窣的布料摩擦声。表情平静，眼睛却睁着，虽然可能已经如医生所说，看不见什么了。

宋明的鹤山书院、清朝的巡抚衙门旧址，现为江苏卫生职业技术学院

还在留恋什么？或是看见了什么？

有人说，人死如灯灭，但死时过往一切会走马灯样地大戏般一幕幕经过，精彩赛过戚雅仙唱的越剧，周信芳唱的京剧。

快合上眼吧，不合上人走不安心，不知是谁在说。

好吧，那就合上。似乎从通明喧嚣的国会突然进了肃穆的大戏院，灯光灭了；一出戏开始，看客只有一个；主角不是别人，正是那个曾经名叫"程德全"的自己。

报一下戏单：

中国历史上最后一任江苏巡抚，民国第一任江苏都督，内务部总长。

程德全，字纯如，号雪楼，四川云阳人。光绪十四年（1888）入国子监肄业，筹划黑龙江防务。后升黑龙江奉天巡抚，宣统元年（1909）调江苏巡抚。辛亥时在苏州宣布反正，任江苏都督。1912年在南京临时政府任内务总长，后又任江苏都督。晚年隐居上海，皈依佛教，法名寂照。

开场铃响，戏开始了。

时间是2017年，八十七年后。苏州。

在书院巷昔日巡抚衙门前，有点四处无着。平日里还不察，当和历史握手时却觉得人非物异。十几年前书院巷还是一条巷，地上是青红麻点"地瓜石"铺就而成，道旁是遮天蔽日的梧桐树。现在是阔直了许多，并铺了柏油。

我不止一次地想，就在这里"成名"的程德全最后一刻是怎样度过的。有千种方案，刚才的就是之一。作为和尚，他很简单；而作为跨清朝见民国的沉浮宦吏，任谁评说？这里也许就是窥探历史的契机。

大凡官员青史留名，不外三种：忠、奸、弄。忠臣如包公，奸臣如秦桧，弄臣如东方朔；可惜程德全哪样也不是。

他被演绎成一个笑话：

武昌起义，革命席卷中华，江苏巡抚程德全见势不好，跟风转舵，宣布响应"革命"，"光复"苏州。巡抚衙门前悬一面"中华民国军江苏都督府"红字白旗；在拙政园成立省议会，旧官僚摇身一变成了省议员，自任江苏都督。有人记下情形："苏州光复时，没有丝毫变动。"为表示"革命必须破坏"，程就命人找来一根丈余的竹竿，亲自捅去抚衙大堂屋上的三片檐瓦。想象一下：1911年11月5日凌晨，一个五十多岁的老头，可能连辫子都还未来得及剪，匆匆扒了朝服，套个布袍，佝偻着身躯在火把映照的凌乱影子中，跳着捣一幢大屋的瓦片，活脱脱一个小丑嘛。

进正门，立即寻找缺瓦的屋檐，没有。"丑迹"不存？斜眼看时，竟发现了角落的秘密：花坛由当年的"金砖"砌成，刻识宛然。程大人有没有踏过这些砖？没人知道了。但有谁还会记住他？朝代更替，历来是大家辨忠奸的好实验，文天祥忠了，阮大铖就是混蛋。近来还有说，如果屏除其他，"辫子军"张勋也算是大清的忠臣。程德全呢？骑墙，观望，游走于立宪、共和之间，招数又那么拙劣，如同辈谭延闿早当了土皇帝，新人"北洋三虎"轮流过着总统、总理的瘾，他不是笑话是什么？

笑话讲够了，笑也笑够了，我们却看到了不同的轶事：

时值1900年八国联军侵华，沙俄部队不宣而战，屠杀黑龙江江东六十四屯百姓，围齐齐哈尔。黑龙江将军、汉军正白旗寿山兵败自杀。当时程德全任行军营务处总理，于是严密部署防务，督战前线，单独前往与俄人谈判。

当时俄军打算乘胜进攻，渡河南进，谈判中程德全力阻无效，悲愤之下欲拔刀自刎，誓死以争。这种悲愤泼命的架势，让俄军将领十分震动，遂与清军订立了"不攻城、不夺财产、不伤生命、人民官吏愿去者不阻拦"以及俄军在齐齐哈尔省城北十余里处安营，清军向南撤退的协议。但后来俄军出尔反尔，当俄军打算再次进攻时，身在敌营、个人性命尚且堪忧的程德全，为护全城生命，决然挺身挡住俄军炮口，拼死不使俄人发炮。这个手无缚鸡之力的书生官员，在百姓危难的一瞬间，迸发出了末代清朝官员中极为少见的牺牲精神和民族正气，俄军震动，齐齐哈尔终获保全，某种程度上，这是一场人格的胜利。

后来，俄国人修北满铁路，火车径行开入。程德全正装朝衣朝冠，怒发贯顶，横卧轨道，迫使沙俄火车停开。后有人问及黑龙江"卧轨"的事，程曰："不过兴之所至尔。"

拼死疆场不为官，舌战俄夷堵炮管。

救难万民于水火，扬我中华美名传。

程德全像

冯玉祥如是为程德全赋诗。

而及至抗日战争烽烟滚滚之时，著名川军抗日将领饶国华、王铭章出川抗日，都曾专门拜祭程德全。他们还留下了一个传统：凡出川将士路经程德全故里——云阳沙门寺时，都必列队敬礼，鸣枪致意。程德全，影响至此。

民国后期，程德全又任江苏军政府都督、南京临时政府内务总长等职，至震惊一时的"宋教仁被刺"案时，程德全正是查案中坚。袁世凯密电要他把牵涉中央的证据送京，但程德全却把罪犯和国务总理赵秉钧等人的密电函件向海内外公布，把袁世凯的嘴脸暴露在光天化日之下。

只身对抗沙俄，"卧轨"以抗争，公开得罪"刀大杀人多"的"老猿"

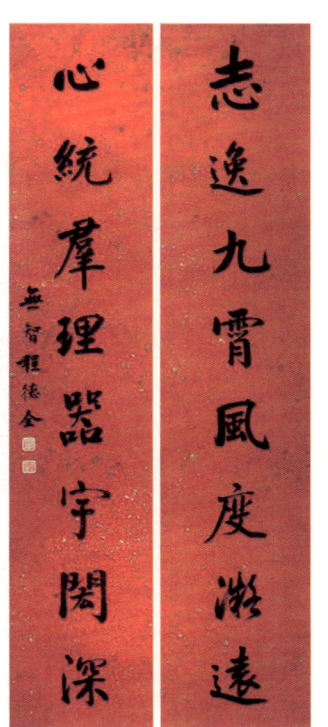

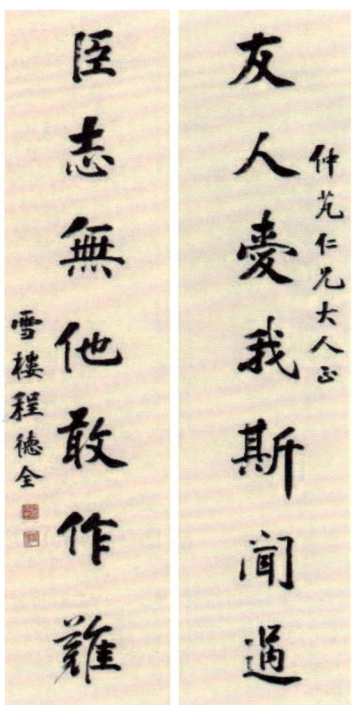

（民国时有报纸讽刺袁世凯，刊登了《老猿百态》漫画，其中一幅为一只猴子举起写有"专制"两字的大刀横跨于北京城头，题曰"刀大杀人多"），他会去骑墙？

巡抚衙门里，这些已经看不到了。但听说程德全在苏州政绩不俗。他推行新政，讲求农事——一位老先生忽然大悟地说：等等，寒山寺有程德全题的匾额和碑刻！于是赶快跑到寒山寺，才发觉不止匾额和碑刻。时当夕阳西下，古塔在天上勾出一个铁黑色的剪影，十分厚重。有居士朋友在，赶忙拉来乱问。寒山寺一千五百年中有几次大的兴废，咸丰年间清军败于太平军，溃逃时火烧阊门，延至寒山寺，古寺一夕化为灰烬。这是最近最大的一次破坏。程德全任后主持重建，书刻雍正、乾隆诗

碑及"寒山寺"门匾。苦心经营下，寒山寺"几为吴下精蓝之
冠"，构成了现在的基本规模。其他封疆大吏花大笔银子吵
闹权势的时候，程德全却毫无功利地花大笔银子保全一座
千年老城的文化。时间久了，往昔的显贵早就被冲刷得不知
去向，程德全的影子也淡去了；古刹钟声一直贯穿到现在，余
音袅袅，不绝于耳。

这样的人，是个笑话？

带城桥南阔家头巷，清代诗人沈德潜的老房子就在这
里。来来回回人不少，但若不仔细，几乎没人知道这里曾住
过一个江苏巡抚。照壁、大厅是一股浓郁的文章气。房子住
过许多人，然而提起来，只说沈德潜的家。权势只能一时喧
腾，文化才能弥足深远。

国子监出身的程德全不可能体会不到这一点，他是清
朝封疆大臣中较为开明的，同立宪派首领张謇过从颇密。
武昌起义后，程德全曾电请清廷改组内阁。然而清朝终要
败亡，征战又会破坏一个国家。作为旧文人出身的官僚，革
命，对他来说，可能不过就是另一次改朝换代而已。要他共
和？革命？他懂都不懂。中国不乏朝代更迭，城头变幻大王
旗。每一次的变化都只是"天子们"的权力阻击，中国，文化
却是永远存在的。那么，保住最根本的文化，保住"天下根
本"——老百姓，就是他在不能把握的时代中，仅能抓住的
职责所在。时代更无法要求他再进步太多。

程德全跨出的这一步，应该已经是他人生拼尽全力最
大的一次"跳跃"了：其时，苏州光复的条件，实在是差——
作为起义主力的新军，苏州只有兵力严重亏损的二十三混成

沈德潜故居，现为
苏州昆剧传习所

协（驻苏州城人数约现代军制的一个营），而地理位置上包围苏州的南京、镇江、杭州地区驻扎旗兵甚重，并且，两江总督张人骏、江宁将军铁良、江南提督张勋……翻翻历史，不仅都是清朝的死忠铁杆，而且本事都很大，即便到了民国时代，还一度沉渣泛起，辫帅张勋甚至一度还"复辟"了大清。再看看程德全身边的佐官，情况也不乐观：主管江苏行政和司法工作的提法使兼署布政使左孝同，天天喊着要继承爸爸左宗棠的遗志当大清柱石；主管苏州城公安工作的"江苏警察厅厅长"——巡警道吴肇邦，虽胆子不大，但和左孝同穿一条裤子，也靠不住……

但程德全还是看得清举国大势。在无法控制局势的情况下，他同意了新军的起义要求，"值此无可如何之际，此举未始不赞成"，只是"务必秋毫无犯，勿扰百姓"。因此，他在悬"中华民国军江苏都督府"旗时，另有"兴汉安民"四字。这是对部分革命党宣扬"兴汉灭满"的纠正，起码在苏州一地保证了民族、社会的安定。时人称"独创一格，以保全地方，苦心可仰"。

在当时还是中学生的叶圣陶记忆中，苏州的辛亥革命是这样的：

没有枪声，也没有炮声，没有咬牙切齿地打砸抢烧，11月5日清晨，还在嘟囔着江苏为什么还不革命的学生叶圣陶，刚起床梳洗罢，在吃早饭，叔叔从街上回来，说：苏州已经光复了。尽管苏州已经光复，这让人既惊且喜，但对于一个热血冲冠的学生而言，这静悄悄的"光复"，跟想象中的"铁血革命"实在是太不一样了，有点没劲。他跟同学顾颉刚穿过与昨日一样繁闹的市场人家，去看新江苏都督府——完全没什么变化——昨天之巡抚衙门，今日之革命都督府，没什么不同，只是挂了面白旗，贴了个告示。人们往来穿行，生活丝毫不乱。

程德全去职之后，其有诗云："苍松历久等烟消，古寺还凭江岸描。居士雪楼曾小隐，扁舟一叶应嘉招。"皈依，为僧，这是后话。

1911年11月5日苏州宣布独立,实开江苏革命之先;11月10日,扬州成立扬州军政分府……之后江苏各地纷纷起义,不久江苏光复。

随后,这位江苏都督致电各省都督,希望孙中山回国组织临时政府。

距程德全拽着竹竿挑瓦片那个秋晨的九十八年之后,2009年北京保利的拍卖会上,看见了程德全的书法:

十亩苍烟秋放鹤,一帘凉月夜横琴。

这是清朝晚期凤阳知府杨沂孙所做的对联,程德全写得十分真诚,笔端浓重地露出早年苦练"二王"和苏东坡字的功夫。字如其人,一种书生隐者追求放旷生活的意趣,全部跃然纸上。这是中国古代士大夫进则庙堂、退则江湖的一种典型心态。如果早生一百年,程德全也许会过得更舒适、更悠闲。但时不我与,带着古士之风的程德全,面对的是数千年之大变的中国——浪遏飞舟的境界离他太遥远,他只能凭着传统时代的书生本能在汹涌的时代潮波中尽力维持他信念里的公道。

程德全委实不懂革命,程德全委实不懂在一个纷繁复杂的时代里什么是是,什么是非,但程德全干了他这一代该干的事——虽然也许不合时宜,但却贴合他的逻辑。

书院如林,笔墨如雨,谢谢魏了翁们

要读懂程德全和发生在那时的巡抚衙门里的故事,必须要真正走进书院巷的深处。

今天的书院巷已经是一条几近通衢大道的马路了。但在历史上,这里曾经是一条弹石路面、不甚宽绰的所在,悠然地连接着东边的人民路和西面的三多巷。如果我们可以跳出三界外,不入五行中,那么我们可以看见时间的长河里,这条在唐宋时期被称为"南宫坊",后来又被称为

"南园巷"的巷子,有多么悠长,并且有过多少并肩而立的书院。

第一个是"鹤山书院",南宋著名理学家、藏书家、书法家魏了翁的"理想国"。魏了翁是大儒,当然今天看来,他的儒家理学观点可能有些"前代感"了,但有一个观点至今令人叹服。

图书馆。我要建一个大大的、天下最大的图书馆。不为炫耀,不为藏私,只为天下人读书明理。魏了翁为了这个志向,穷其一生进行着收集图书的工作,"余无他嗜,惟书癖殆不可医,临安人陈思多为余收揽",除了要耗费大量资财、大量精力,甚至连书商的名字都要记录在案,可见其严谨之一斑。但这个理想要实现,更要有一种胸襟:舍得。

收藏有十余万卷各种孤本、古本好书的魏了翁,并没有被书和私心"奴役"。后世天一阁的藏书可谓丰富,但宗族为保其价值和先人遗志,秘不外宣，宝书成了死书——不能被人看的书，只是一堆植物纤维和石墨的构成物；同时代并称为南宋著名藏书家的叶梦得，其东山宝俭堂当年的规模直到今天依然可以想象，但所藏之书也多为"独乐乐"。

只有魏了翁，真是一痴人。为创办鹤山书院，他将自己一生中大半藏书捐献出来，供生员学习之用。而据说当时书院兴建结束，宋理宗得知后，特别御书"鹤山书院"四字，赠予这个新办的书院。

这是怎样大的一个手笔，才能让皇帝吃惊感怀到要赐书的地步？

苏州鹤山书院"尊经阁"，也就是这所书院的图书馆，以魏了翁一人之力，藏书数量曾经超过南宋国家图书馆，并且极为珍罕，大部分都是魏了翁的心头旧藏和抄录所藏宝书的副本，或者是再访得到的旧书，共十余万卷。这种藏书规模，在一个字一个字都要雕版印刷或者一个字一个字都要人工抄写的宋代，稳居各大书院之首。

到了明代永乐年间，鹤山书院被改为巡抚衙门，直至清朝。不知是苏州有幸，还是书生气息不绝，一代代有志者多临苏州：明代最著名的理财专家、给苏州减了重赋的周忱，天下第一直臣、给苏州人分了田的海瑞，清朝两朝帝师、清廉正风闻名的汤斌，"开眼看世界"的林则徐……

金钱埋到地下，不过是一堆金属的锈；权力埋到地下，不过一抔黄土；只有书埋到心里，才能成就一方水土一方人延绵千年的书卷之气。苏州一直以文化之城而著称，我们不能遗忘那些播撒读书种子的先贤。

正是有着无数如魏了翁这样的文化播种者，他们用尽自己的生命力，为这城市大大小小的巷子留下了数不尽的书卷种子，文明、通达、仁慈、宽厚的土壤里，才能实现民国初年革命时期如此"不恢宏""不壮烈"但好歹平稳的社会转型。也许从某种程度上说，这是一种"不彻底"，但也并没有人因为"这不彻底的革命"而牺牲——在可以避免的情况下。毕竟，仁者爱人，不是吗？

定慧寺巷：致一些命运

定慧寺巷是条老巷子了，很老。

这条巷子的历史，几乎就是一个社会上上下下的缩影。定慧寺巷的气质里，总有些令人难以言说的复杂味道——像是欢欣，又有点忧伤；有些嗟叹，也随后就会释怀。但只要你轻轻地走过它，它最终一定会沉甸甸地横亘在你的心里，卷涌着滔滔的世事人流，浪涛永无休。

那是怎样的人的浪涛呢？人，一辈子能够奔流出来的，不外乎三样滔滔的水流：泪、汗、血。三道水流清浊相激，让很多故事变得惊心动魄。血代表牺牲、征服；汗代表生存的志向和辛劳；泪代表情感，是喜怒哀愁的宣泄。

天空的高积云流动变幻，小巷虽然只有一线的天，但也能窥见时代白驹过隙的影子。

简单的双塔，不简单的人心

苏州有塔。

再重复一次，才能体会出这句简单的话里的滋味。我敢说，天底下没有哪里的塔像苏州的这般平易近人了。它们从来没有镇压过妖精，也

从来没有神仙的光临，没有过多少惊心动魄，只是挺安然地守在这里，坐看云起。

　　说真的，如果论起住在这里的世世代代，都是家常，真没有什么大事。吸引人的倒是寺庙那些有点残缺了的色彩，有点旧，却旧得撩人，斑驳好像旁边的苏公巷。

　　青苔和砖缝里有勇猛的蛐蛐，塔基上有扇洋画的痕迹。有寺庙在身边的生活，不知不觉就会被印上极为鲜明的特色。比如，很多阿婆是信善有善报的，说这两座塔是佛祖的化身，只要诚心地去拜，就会有孙子可以抱。不过这和小辈们似乎还是离得很遥远，很多小男孩们就从来不会柜信那无边的佛法，只是每到考试会周期性地对南海观世音菩萨表现出无限的尊敬。傍晚偷偷跑到墙外，看着塔顶，双手抱拳顶着下巴，菩萨保佑，只要这次考试过关，以后再也不玩蛐蛐了，不扇洋画了……然后再幻想一个双下巴丰腴的女神下凡，带着微笑看着眼前的孩子，爱怜地拍拍这个陷入"绝境"的小男孩，自言自语：看这个小孩虎头虎脑的，唉，就再帮他一回吧。

这是我和双塔关于童年时代的秘密。

至于后来的成绩怎样，忘了。

很多年后，我才知道，这里当时的名字叫罗汉院，好像不归菩萨管。

现在需要普及一下定慧寺巷的前世今生。它位于凤凰街北端东侧，西迄凤凰街，东至吴王桥，曾名为双塔巷。但就像双塔是双胞胎塔一样，它原本也是两条差不多的巷子，东边的一条名为"双塔寺前"，西边的叫"王判司巷"，也叫"寿宁寺巷"。

就像沿树干寻根，我们有必要找到最初种子发源的地方——俗话说"跑了和尚跑不了庙"，这个寿宁寺，就是唐咸通年间的寿宁万岁院，叫般若院。到了五代吴越的时候，更名为罗汉院。到了北宋雍熙年间，寺名又变成了西方院。直到宋太宗至道元年（995），这个寺被敕封为"寿宁万岁院"。

不知道为什么，苏州这个小小的寺庙，一直能够赢得皇室的青睐。宋真宗大中祥符年间，寺庙再次被赐额"定慧禅寺"。但这样一来，儿子真宗和爸爸太宗的赐名就有些冲突了，到底该用哪个呢？政治的智慧是无穷的，寿宁万岁院分家，一分为二，于是双塔寺和定慧寺两家并行不悖。

还是先不掉书袋了，我祈祷考试过关的那条苏公巷里，苏东坡正隔着九百年看我们这些小小小小小字辈们，畅快地大笑。

一提到苏东坡，苏州人总是会亲切而温暖地会心一笑。这个幽默诙谐的大胡子文学家留给苏州的，总是无尽的典故。他曾给一做油食馓子的孤老妇人做过一首广告诗《馓子》：

纤手搓来五色匀，碧油煎出嫩黄深。

夜来春睡知轻重，压扁佳人缠臂金。

馓子精细、色鲜、味香、酥脆，又加上美人的形象代言，令人食欲大增。那时候诗词歌赋相当于现在的电视广播传媒，又是文化名人，又是政府官员，多管齐下，这生意焉有不红之理？

事实上，之所以苏东坡会在这里，并且连一条巷子都以他而命名，就是因为他与定慧寺守钦禅师是故交，来苏州的时候时常在这寺里面蹭

住——大胡子吃馓子的时候，正借宿双塔下的禅房里呢，所以根据"众
生平等原则"，不能白吃白喝的苏东坡为老百姓们做广告，算是还了寺庙
的住宿账了。

　　让我们把视线从苏东坡粘了馓子的胡子上挪开，关键是看苏东坡吃
馓子时背景里的景物，这就是双塔。这两座塔的年纪，比苏轼才大了刚
刚五十岁，这么看，还是簇新的。

　　这是苏州最具特色的一对双胞胎砖塔，一座叫舍利塔，另一座叫功
德塔，一模一样。两座塔都是七层八角楼阁式砖塔结构，形制体量相同，
高三十三点三米，顶端的塔刹高八点七米。比较厉害的是，作为建筑物，

双塔大门

两塔之间底层墙表相距仅有十五米，也就是说，建造时工匠们对于距离极近的地基之间力学关系有着高妙的把握。简单点说，距离这么近的一块土地上，两个这么沉这么高的塔，它们地基之间的关系就像弹簧厌垫上很近的距离搁了两个大铁球，相互之间因为重力加诸同一块柔软的土地上，很容易发生相互干扰甚至倾斜的严重情况，但在科学并不昌明的时代，工匠们居然让这对塔就这样从北宋屹立到今天，了不起。

更了不起的是，这对当时来说已经是凝聚了"高科技含量"的塔，是个人行为的结果。

《吴门表隐》里头的记载很有趣："双塔，宋雍熙中判司王文罕建，并舍田五百八十亩。今祀文罕为伽蓝神，兄弟三人并有像。"这一段很有意思。佛教护法伽蓝神，一向不是关云长吗？今天在苏州戒幢律寺的罗汉堂里，汉寿亭侯关二爷正美髯飘摆地站在那里，守护着修行者的丛林呢。

但这位王文罕判司当仁不让地将隋朝就当了佛门护法的关公（《佛祖统记》记载隋代天台宗创始人智凯大师曾梦见关羽）挤下了岗位，还这样隆重地被塑为神祇，连带兄弟也入了祭祀！

史书语焉不详。不知"县官不如现管"的民间俗语能有几分可供借鉴之处。

但纵使你有"千年铁门槛"，也无可奈何街头巷尾的传说以迅雷不及掩耳的速度，在改朝换代后就让双塔的由来变成了另一个阿婆百宝囊里的爱情传奇故事。

这全是评弹的架势：

话说双塔原来是没有的，这里曾经住着一户姓张的人家，当家的是个穷书生，要进京赶考，可家里只留姑嫂二人。嫂子端庄大方，非常贤淑；姑娘长得美丽动人，但有点儿任性，好说好动。书生心想，我这一

走,家中只留下姑嫂两个女流之辈,又是住在这沿街浅屋,来往行人很多,真是放心不下。姑嫂二人为了能让当家的安心赴考,决定在院内种两棵桂花树,并在众乡亲面前明誓:"你只管放心赶考,回来后只要看到这两棵桂树就可知道我们姑嫂二人的心了。"

张书生走后,嫂子的金桂是香飘十里,姑娘的银桂也是花枝茂盛,左邻右舍都夸张家姑嫂二人品行端正。可是好话传千里,鲜花引蜂来,时间一长,自有不怀好意的后生来招惹是非,他们死缠着要与姑娘搭腔。姑娘总认为人正不怕影子斜,依然是开窗绣花。慢慢地左邻右舍就开始议论起姑娘来。嫂子听到了流言蜚语,就寻找机会把那些后生骂了一通。这下可把那些后生气恼了,他们烧了一锅咸菜卤,翻墙进院把嫂子种的那棵金桂给浇死了。

结果当然是张书生中了功名高高兴兴地回到家里,却看到金桂枯萎。妻子有口难辩,又怕说得不好败坏了姑娘的名声,一时想不开悬梁自尽了。姑娘看到嫂子含冤自尽,恨自己年轻无知,实在对不起嫂子,于是便步了后尘。张书生在料理后事时,发现姑娘手里捏着一张字条,仔细一看,字条上是妻子的手迹,上面写道:"天大冤屈难申诉,满身长嘴说不清。但愿化作冲天塔,真真假假自分明。"

当夜,一对塔立起来了。窦娥是六月飞雪,这姑嫂是一对高塔。

我总在想,善有善报,怎么那帮后生就没遭报应呢?

世上只有不幸的泪水、同情的泪水,然后,像一个寓言,娓娓地告诫着身后的来者。

状元的幸与不幸,科举的举与不举

爱情故事讲完,且移步双塔之外。看看这不起眼的定慧寺巷,有多么气象万千。

　　一看不得了。从来都说苏州风水好，定慧寺巷就是最好的核心地段之一。

　　有这样一个说法，苏州城就是个巨大的文人案头。苏公祠方口形似砚台，葑门钟楼是块戳在一边的墨条，玄妙观弥罗宝阁前的半月形水槽是个水盂，而双塔则是两支笔。双塔前面原来有三间平屋，一到夕阳西下，双塔笔影横斜，卧在屋面上，就像两支笔架在笔山上（还有一说，苏州府城是笔墨盘，双塔是两支笔，钟楼是墨条，孔夫子巷里原来有一个水池，是墨池，苏东坡曾经在这里洗砚台）。

　　真是文房四宝俱全，真乃读书种子的风水宝地。

20世纪初的苏州贡院，威廉·埃德加·盖洛拍摄

　　这样的风水，还真就是考较学问的地方——就在双塔寺之西边，定慧寺之东（就是今天定慧寺对面），南到桐桥东街沿河一段，是清代苏州的贡院——贡生（童生）考秀才的试场。

　　当年这里可是繁盛一时的地方。据考证，贡院占地大约六亩，四围高墙，正门仿衙门大门的形制，两侧木栅栏，门口一对石狮威严无比。进到内部，一个广场，广场两端竖立旗杆，两层鼓乐亭赫然矗立。即便是鼓乐，讲究也很多。上层放炮，头炮提示考生准备入场；二炮大门洞开，考生按次序通过检查进入考场。还没走到仅容得下一桌一椅的单间考棚，鼓乐亭的下层已经开始了吹打演奏——对考生来说，这是一道道鲤鱼跃龙门的令人紧张的关隘，但对于地方民众和官府乃至国家而言，不啻是值得庆贺的抢才大典。因此，每逢考期，别说贡院里四处张灯结彩，鼓乐宣天，就是这整条定慧寺巷，都成了欢庆之地，附近旅馆、酒家和书肆的买卖也骤然兴旺起来。

这样巨大的笔墨纸砚的"风水"之下，苏州贡院有多少大笔如椽之士可想而知。虽然迷信不足为训，但一个城市的民众竟然使用文房四宝来形容自家街巷，单凭这种对文化的热爱，苏州文人学子能屡屡在全国选拔考试中攀桂步蟾宫也就不足为奇了。比如享国两百多年的清朝一代，科举一百一十二科，苏州府就贡献出了二十六个状元，接近四分之一，何况这里还出了个一千三百年的中国科举史上极为罕见的"连中六元"的钱棨——县试、府试、院试、乡试、会试、殿试，六个第一的"大满贯"得主（即便是连中三元的，整个中国科举历史中也只有十四人，不折不扣的"百年一人"）。

然而，"朝为田舍郎，暮登天子堂"，从读书的待业青年一步成为国家高级公务员，学养、考试、权力三合一带来的声名利色，平步青云的诱惑实在大。

电影里，特工们将微缩胶卷纳入寸把长的铝管内，然后放进鞋后跟的夹层里。

倘若明朝的老祖宗知道了，会轻蔑地说：算什么！当然，这份轻蔑，声音也是轻轻的，若让人家听了，会很不好意思的。

到观前文化城打听一下，有这样一本清朝光绪甲午年（1894）印制的九万多字的书。长九厘米，宽六点五厘米，厚零点四厘米，纸张极薄，两块油豆腐干缩水的大小。特工手里的铝管顶多装一份房屋租赁合同，这本小书里面，九万多字，整整装下了儒家千年的语录——五经句子为题作注解的精选，连作者姓名都有。

《经艺五美》。一粒米可盖六个字。

这还不算登峰造极的。南京江南贡院里还有一本当年没收的"宝贝"。那一本长七点五厘米，宽五厘米，每页五百多字，才三十页，基本没有厚度的书，全书一万六千字，被称之为"压库之宝"。

无法想象，二百年前一个蝉鸣鸟噪的夏日正午，现在定慧寺到双塔之间这段清代苏州贡院里，一排排猪笼一样的考棚里，有多少人伛偻着肩背，一心二用地偷眼观瞧监考官员的背影，一边从膝盖的夹缝里慌张翻动着一本小书，然后细眯了眼，竭力辨认苍蝇腿一样的笔画文字。

这种形象，我们会说：贼骨头。

这样说起来，似乎古代人想在考场上作奸犯科，很容易。

其实大错特错。惩治作弊，无论历朝历代，都是严刑重典：明清时期，朝廷对科举舞弊案的重视程度，仅次于谋逆。科举保安十分严格，"片纸只字皆不得带入试场"。乾隆皇帝更聪明，下诏详细限定考生带入场的各式物品及其规格，包括砚台、木炭、糕点的大小厚度，水壶、烛台的用料，毛笔、篮子的款式等。检举者有赏；被发现者除取消资格，更要带枷示众，一辈子前程就算完蛋了。

这还是基层监督，到了高层，每次考试考官分正副多人，都是临时委派，互相监察。贿买如果被揭发，行贿受贿者都可能被处死；而同场考官也会被牵连。

这还不算完。考前学政（一省主管教育的长官）点名时，点到某考生名字，该人大声应答后，还要大声喊"某人保"。考生要想考试，就得花钱聘请作保的廪生（即定期领工资的秀才），这个保人也须应答"某人保"，这算"连坐"。最难一关，同县考生都熟，但秀才有定额，谁舞弊考中秀才就等于挤了别人名额，人家也会举报……

武装到牙齿的制度，但还是没办法抵挡恶质人性的渗透——如果考中就能当官，而当官就能获得利益。

一位研究古代苏州贪腐官员账本的先生曾说，像苏州这种经济发达地区，清朝时期一窝贪官，一年贪污总额就能达千万两白银（当时一户老百姓一年花销不过三十余两），当时用钱捐个道台这样省厅级的官，大概是一万三千一百二十两白银。惊人的利益比，对于动机不纯者来说，谁还会在乎这点惩罚？

一本文人笔记，《研堂见闻杂录》，佚名作者在书中记述了他目睹的明末苏州府科场风气，是怎样在短短小几十年内给糟蹋得不成样的：

他年轻时，某些高官子弟通过恩荫——就是制度政治特权——可以白中秀才，但走后门的人以此为耻，生怕别人知道；而几十年后，科考已成为主持官员发财或者搞关系的"自留地"，人人搭便车，都觉得不干是冤大头。很快，大家便不觉得是件丑事了。

万幸自古都有正人君子。苏州有个叫李汉的秀才，脾气直率，而且敢于斗争，他直言上书来苏州监察风纪的巡按，将众所周知的"考场潜规则"给捅了出去。而这个巡按也还是个有正义感的，决定彻查巨蠹。但孔子说得好："君子不立危墙之下。"坐在小人环伺的环境中，正如立于危墙之下。巡按还没准备好，人家倒先下手了。"强龙不压地头蛇"，清官再厉害，到底是单打独斗；地头蛇是宵小，可人家错节盘根，"群策群力"一阵猛陷害，巡按终于被调走了。旧学台得胜归来，举报人李汉亡命天涯。

不是没有严格制度，不是执法者不严，不是我们惜成本，而是所有制度都是由人来执行的。制度是把双刃剑，越严格的制度在小人手里，就越是害人的利器。

没有德，没有老百姓自下而上的配合，很多制度就是空设。问题是，我们怎么把这个"德"重新放回自己心里呢？

这也许不单单是个考场作弊的问题了。

仓米巷:斗升之米,三味之巷

苏州有那么多巷,一条一条;只有这巷子,似乎该用升来量。为什么呢,巷子论条、米论升,单就因为这里曾是北宋官府米仓的缘故?

这条巷子位于苏州市饮马桥北,东出人民路,西至东美巷,车水马龙的酸甜苦辣咸五味之间,这里的味道突然寡淡了,好像米汤一样。

不,米有三味。仓米巷就是苏州的米。

其实单单只是因这里有股淡而不寡的米的味道。

如米的女人,一定如梦

李渔说:万物里面米最好吃。

好一句大白话。好像一碗粳米,糙是糙了点,理还是在的。苏州人可以不吃大闸蟹,可以忘记渭塘虾仁,但要没有米饭,便坐立不安。

还是那句话,仓米巷就是苏州的米。三味里面有一味,就在李渔的话里。

是"漂亮女人论"。这个"明朝张艺谋"说:女人味道是女人的"态",或曰神韵。女人有"态",三分漂亮可增加到七分。

话又提到一个好女人——沈三白的妻子芸娘。有人说历史上那么多

仓米巷。巷子为东西走向

爱情，哪个像他们，平平淡淡，白米饭一般，没什么滋味。

　　是很平淡。沈三白夫妇被家里赶出，搬到仓米巷后，平淡但磨人的生活便摆在了面前。

　　爱情说到底还是生活问题。生计日紧，捉襟见肘，据说最困窘时两人为一碗粥互相推让。比翼鸟也得吃饭，大难来了还不是各自飞，这对小夫妻却"有情饮水饱"。

　　不过一间小房，丈夫煞费苦心取名"宾香阁"——既含芸的名字（芸本指"芸香"），又出自《道德经》中夫妻"待如宾"。芸娘用几个铜板打理三白的书，算计一家柴米……对沈三白这个文人而言，芸娘的确是天赐的宝物。不求珠宝荣华，不逼丈夫钻营仕途，唯求丈夫自由发展自己的志趣。

在后世文人案头花草中最出名的"碗莲"，就是这时被沈三白发明出来的。《浮生六记》里，他如是记录："以老莲子磨薄两头，入蛋壳使鸡翼之，俟雏成取出，用久年燕巢泥加天门冬十分之二，捣烂拌匀，植于小器中，灌以河水，晒以朝阳；花发大如酒杯，叶缩缩如碗口，亭亭可爱。"

如果没有一个被精心营造的安宁环境，哪有这样的盆景作品诞生？

还有一个例子。邻居一个老婆婆时时照顾他们，还送来自己钓的鱼和种的蔬果。沈复掏钱惹人家发怒，后来还是芸娘亲手做了几双鞋子送

1992年《徐玉兰艺术集锦4》之一：《浮生六记·闺房记乐》。徐玉兰饰演沈三白，傅全香饰演陈芸

给他们，人家反而高高兴兴收下了。

不得不说，芸娘的情商，实在是高啊！

三白在《浮生六记》里回忆：

芸对我说：以后有机会，我们就住在这里，买上十亩菜地，种植瓜果蔬菜，供家用开销。你画画，我纺绣，换钱买酒菜。布衣菜饭，也很快乐，没必要再想去哪里远游了！

我有时也惋惜，说：可惜你是女人，不方便出门。若你是男人，一起访名山，游遍天下，该多好！

芸说：那有什么难？等我老了，孩子们成人，虽不能远游五岳，但像虎丘、灵岩都可以尽情遨游了。

我感叹：就怕你老了，走不动了。

芸想了想，又说：没关系，这辈子不行，还有下辈子呢。

我突然之间有点伤感，想到夫妻再恩爱，终有一日要生死两隔，我牵起她的手：来世如果你是男人，我就做女人，生死相从！

芸远游的愿望，我最终是实现了，可是伊人却已去了。

秋香的笑太勾魂，西施的温柔似快刀，赛金花有太多迫不得已，只有一个芸娘，也许没什么心气，但她确是三白的好妻子和好情人。她心里，只有所谓平淡的生活。是的，平淡才是一种传奇。

无怪林语堂在他的《浮生六记》英译本后序里说："芸，我想，是中国文学中最可爱的女人。"女人一态，自在心里。

糯米的名士，"求不全"是全

当三白和他的妻子手拉手走过的时候，南半园还是一个老宅子；他们也绝想不到这宅子里头出了个大大有名的人物——朴学大师俞樾。

但这园子出名却是在俞樾将此处转手时候。那么接手的是谁呢？

一个糯米般的人物。

这个人叫史杰，清同治十二年（1873）江苏布政使。按说他也是一省的二把手，位列封疆，绝非泛泛之辈，但记载却不多，着实有点糯米的劲：话不多，有主见，柔韧有弹性。看后世留存，他还是个不错的文人：

残局泣孤臣，读奏草终篇犹见行间含血泪；

溯源同一脉，幸梅花无恙又从乱后拜忠灵。

他写的是史可法。虽然历史过去好久，但酷政风气还在，这样写，于一个高级官僚而言，还是要花很大勇气的。在园林闲居，是柔性；对历史说公道话，有韧性。

俞樾临行前在"半园草堂"书榜一联赠给了史杰：

园虽得半，身有余闲，便觉天空海阔；

事不求全，心常知足，自然气静神怡。

　　这话有深意。"史省长"建东宅西园，工程很大。那时园子西边还有块空地，现在说就是"公共绿地"，大家夏天乘凉打扇，说不定里头还有三白夫妇。过去造园都是希图能留存给后人，能大就大；俞樾提醒只先生，做人要有余地啊。史省长淡淡地说："知足而不求齐全，甘守其半。"不占大家便宜，取名"半园"。

　　四大园林高高在上，还有多少好园争奇斗芳。俞樾却在《半园记》评此园"高高下下，备登临之胜，视吴下名园无多让焉"。有人问，是不是溢美了？

　　哪里！低调、淡默里挥发着"求不全"的境界，几个做得到呢？

百样米养百样人，"米生活"里的味觉

仓米巷的确是一条有经历的巷子了，太多的人间的五味杂陈，合到一起，却化为平淡，这也许跟各种色光混到一起结果成了白色日光的逻辑一样。宋时，这条巷的南端为府仓（平江府粮仓，也就是今天第二人民医院及周围一带），今天道前街的东段（原卫前街）因此称府仓前街，仓米巷就称仓后巷了。卢熊《苏州府志》等均作仓后巷。不过仓后巷的名字太功能化，老百姓信的是开仓赈济的功德。米是唯一标准。于是，民国《吴县志》并注："（在）苏州卫后。考《平江图》：宋府仓正在卫署址，则仓后者府仓后也，今称呼仓米巷。"《姑苏图》西段标卫后巷，东段标作仓米巷。自此，《苏州城厢图》《吴县图》《苏州图》均标仓米巷。

中国近现代著名作家路翎，也诞生在这里。有资料显示，"路翎，1923年1月23日出生于江苏省苏州市仓米巷35号。名徐嗣兴，从母姓。生父赵震寰为保定医学院毕业，曾在仓米巷35号开过私人外科诊所"。路翎的人生经历了中国近代最为动荡的年代，在《英雄的舞蹈》中，他这样描述了"舔着碗边，舔着嘴唇，象一头野兽在舔着骨头"的时代吃相，人的生命气息直扑面孔。

不过苏州的米养育的毕竟是一个作家——让残酷的历史过去，看看苏州仓米巷里，大家认识的是怎样的米一样的生活。

说到生活，尤其是苏州的生活，就会有关于美食的说法。

但仓米巷里无美食。早就说好了，这是一条寡淡的巷子，没有满汉全席上的山中走兽云中雁陆地牛羊海底鲜猴头燕窝鲨鱼翅熊掌干贝鹿尾尖。

米仓里怎么会有美味呢？到了中午，每户门里飘出家常的味道。荠菜炒肉丝，酱麻油拌香干马兰头……多平凡。

但台湾美食家逯耀东却兴奋地吸吸鼻子：好味道！他说过，对仓米巷的记忆，就在小时候每天早晨一碗的焖肉面。因为平凡的味道最叫人想念。有的时候不觉得，少了却大遗憾。

逯耀东回忆：当年家住仓米巷，早晨上学，钱只够吃焖肉面，蹲在街旁廊下与拉车卖菜的挤在一起吃。

冷飕飕的冬天早晨，一个瘦小的孩子搓着通红的手，站到高脚柜台前，踮脚把钱交给穿朱布围裙的掌柜。掌柜一摆手，接着堂倌拖长了嗓子对厨下一吆喝。不一会儿，一碗热腾腾的汤面就送到小孩面前。捧面走到门外，蹲下扒食。面罢抬头，油光光的小脸。

几十年后，他为了再吃到一碗地道的"焖肉面"，特意回到苏州三个月，三个月钻小巷，转大街，品尝了各家名店四十余碗面条。

有人记载逯耀东最终踱回仓米巷口的时候，看着流水的车马鱼龙，轻轻叹了口气。

还能找回那淡淡却回味悠长的味道吗？

风窗弄影

苏州里弄,叫"巷弄",比街小,如毛细血管,一直通向城市肌体——居民区内部。巷弄间有生活的人,但故事却未必仅指一家一姓。人事有代谢,往来成古今。遗迹轶闻,藏在城市最细密的掌纹里,生活的英雄,待你探寻。

枣市街：睡街，繁华一梦，长醉似醒

枣市街从泰让桥西面旱洞开始，沿着胥江舒服地躺过去，有弓一样起伏的弧线，宛如一个半睡女子卧在河边，不同的位置，就有不同的风姿。

这条街已睡了许多年，睡得好甜。如果忍住不去推醒它，也许它还能再做出一连串水泡般的梦，把我们包裹进去。

现代化的脚步已经近了，步伐齐整，势不可当，你仿佛能看见它们带着钢铁的锐角，臂章和勋带上别着消费时代花样标签。

如果这一切无可逆转，但愿这场梦，随着胥江水，将曾经的枣市街漂流进每个来者的心田。

繁华一场云烟

街巷好静，中午十一点正应该车水马龙，小石桥上一条小黄狗在俏皮地溜达，外面的一切似乎全不相干。

这点很好。相比于快速发展的地区，园区、新区好像变形金刚一样喊哩喀喳地高速进化，而这里静悄悄，仿佛还在浮生若梦之中。

枣市街有理由这样淡然。因为这里曾是苏州甚至江南最富庶的地

泰让桥西眺枣市街

方，没有花街柳巷，也没有政局动荡，只有永恒不变的悠然的胥江。现在人们喜欢为房子取个艳名——纽约风情、伦敦华庭……这条街却无动于衷，"枣市街"挺好。质朴无华的原因是大雅似俗——因为它最初就是卖枣的市场。

那时候，一条长长的街足够甜蜜蜜。无数大船在这里停停又走走，然后无数紫红的小果实几天后便出现在苏州人的八宝饭、粽子、汤羹中。同样的，不久之后，全国的茶壶里都飘出了碧螺春的清甜味道。

而更加让人叫绝的是，这里曾是苏州最好的取水口。多少年前，那

时老虎灶还很发达，苏州城的茶馆、有钱人专门雇船到胥江取水，枣市街卖胥江水都成了一门行业。这条与最繁华的街道并行的胥江，几乎就是苏州的"泰晤士河"，卖水的用水车拖胥江水到城内，或叫卖于街巷，或每日按时送水到户，真成了"车水马龙"。

碧螺春，胥江水，有点甜。于是，大小茶馆不分雅俗，都以"本馆用胥江水"作标榜，就像现在都说"绿色纯天然"一样。但更有深得炒作三昧的。看记载，民国初年，太监弄开设的"吴苑深处"茶馆，常有八人，身着一色蓝布马甲，上缀红布，写着"吴苑深处胥江水"字样，于每日上下午各一次去胥江挑水，列队穿行闹市，仰头挺胸，喊着号子，简直就是薛仁贵得胜还朝。为此，生意最为兴隆火爆。

窥一斑而知全貌。这些典故早已可以反映出枣市街当时的繁华。

旧时茶馆以卖胥江水为时尚

旧时江南大宗运输，都经河道，大运河与胥江交汇，连接京杭。沿胥江口枣市街就是东西一线，成为苏州水路的十字大街。清朝人记载当年盛况：店铺以能进入这条商业街而自豪。商业是种艺术，账房先生流畅地拨打算盘，各地老板在彼此袖子里钩心斗角。船老大指挥夯力将楠木、红木、紫檀抬进光绪初的老木行"震生裕"——现在我们在许多民国老房子里能坐上的木椅，没准都是从这里出来的。这时，隔壁"沈馀昌"，伙计敲着他们出名的紫口铁锅，余音袅袅，动作都写意着。比之现在，即使干将路也没法比了。

但过去多少繁华被人遗忘，单单繁华就能使它闻名到今天吗？

一个女人的奋斗

枣市街上有一个女人，确切地说，应该是一个可人，她让这条街闻名到了现在。这里曾经有枣市街小学，但这里很早以前是一座庙堂——梁红玉祠（蕲王祠）。

记得前些年偶然在浒关一茶馆听书，说书人是个老先生，摆好架势，端正了表情，刚刚说唐才子点秋香时候的调笑全然不见：

梁红玉抗金兵，战鼓隆咚，战鼓隆咚。

是应该说说梁红玉了。苏州历史上出现的名妓实在不少，个个传奇，但在挑剔的苏州说书先生嘴里，这个妓女出身的女人，赢得了一致尊重。就连梁红玉的丈夫，被称为南宋"武功第一"的韩世忠，大家底下撇撇嘴，说的还是他强占沧浪亭的不光彩事。

因为，梁红玉并不像其他名妓，只藏在几个男人后面，而是独自站在战船上，流矢如雨中举起了鼓槌，抬起了数千军人将颓的军心。

梁红玉原籍安徽池州，祖父与父亲都是武将出身，方腊起义时，被诬贻误战机，获罪被杀。梁红玉沦为京口营妓。本来也许一辈子就这样了吧，人生却比戏剧更戏剧，梁红玉的家仇终于被一个军队小校所报。这个人，当时就是"尖刀排排长"这么个角色——手刃数十人，擒获方腊。他就是韩世忠。

巧合的是，平定方腊后，官军在京口大排夜宴。韩"排长"没有获得太多加封，或者他的执拗脾气本就厌倦这种场合，在觥筹交错、大吹大擂中独自寂寥，却吸引了梁红玉。

风尘女巧遇沦落军官，这本身就是一出另类的才子佳人戏，英雄美人成眷属。说书先生讲："女子要嫁对郎，别看他有没有权与钱；男人要讨对妻，别看出身与门第。"

金军十万南下，打得高宗皇帝流窜到海上，成了"流亡君主"。这时韩世忠挺身而出，率八千人在长江以少敌多。现在分析这场战役，依然太险了。八千对十万，况且金军正是返程，思乡的军队往往能爆发超常战斗力，而韩世忠刚吃过败仗。然而，金人却败了。

这是置之死地而后生。梁红玉在旗舰擂鼓号令，这不单是助威，更是"金鼓传号"，整支舰队进退，全在这个并不高大的女子手中。流矢如雨，人人都懂，擒敌先擒王，这个女人面对的就是首当其冲的数万敌人的各种攻击。

现在想想，如果我们是一群士兵，抬头看到一个娇小的女子站在最密集的箭雨下奋力击鼓，想想她有可能是我们的姐妹、我们的母亲，我们实在不能再贪生怕死，实在没有任何借口可以后退！

终于，疲弱的宋军将金军堵进了黄天荡，困了四十八天。遗憾的是，金兵还是凿小道逃了。

韩、梁黄天荡大胜，举朝庆祝。但梁红玉又做了第二件叫人震惊的事。她上书弹劾韩世忠，认为他在可以歼灭敌人的情况下，让敌人逃走，请求对韩世忠治罪。

宋高宗看了梁红玉的奏章，大悦：一般女人谁不为丈夫隐瞒？梁红玉真是个是非分明的"伟丈夫"啊！于是赐封她为"扬国夫人"。

谁会不爱自己的丈夫？尤其这种出生入死，将情感、事业紧紧结合的夫妻。这还是一步梁红玉式的险棋：皇帝怕功臣，自己父兄的经历还不是教训？哪是"伟丈夫"，只是一个用心良苦的女人，费尽心机保全自己丈夫罢了。

有这样一个女性坐镇在枣市街，这条街有些意思了。

祠堂与会馆，"反比定律"

梁红玉祠堂的兴与废，与会馆的兴与废，恰成反比。

战争年代的英雄与和平时期的商贾，同样恰成反比。

长久的和平年代，英雄的坟冢上开满了多年生的一丛丛黄色小花，好幽静。金戈铁马静悄悄以后，上场的是辉煌的会馆，商业英雄们你方唱罢我登场，又一个盛世开始建立起来。

比如眼前的嘉应会馆，静立泰让桥边，低调而贵相，深沉而内敛。明清商业时代的苏州，小小的苏州城里，六十多座会馆林立，清人杭世骏说"会馆之设，肇于京师，遍及都会，而吴阊为盛"，所言不虚。

全国各地的商人在苏州几乎都只有一个会馆统一管理内部，唯有生猛的广东人，也许是粤商太多了，所以有侍其巷的两广会馆，山塘街宝安会馆、冈州会馆、阊门外上塘街的潮州会馆等，其中潮州会馆，还是全国最完善、最为富丽堂皇的……

枣市街嘉应会馆，是粤商会馆中同样极有特色的一座。"嘉应"指的是清代广东"嘉应州"，也就是梅州；而梅州，又是被誉为"东方犹太人"

的客家人的聚居地。

客家人与苏州的渊源不止于一座会馆，或者说，这座会馆反证了客家人与苏州的深远关系。在客家人自秦汉起两千多年的六次大迁徙历程中，太湖一带的江南地区，是他们在北宋灭亡、宋室南渡之际迁徙的目标之地。南宋灭亡后他们继续南迁，最后落脚广东等地。而到了明清时期，苏州经济的发展，让他们如燕归来，再续前缘。

客家人的经商特点是本分守信。相比于"生猛粤商"的总体形象，本分守信更带有一些"儒家"的味道，耐力强，低调，善于长期经营。这一点，从嘉应会馆的格局上就能看得出来。

这座创建于清嘉庆十四年（1809）、由广东嘉应州（今梅州市）商人集资建造的会馆，占地一千余平方米，相比于他们的财力，实在不算大型的会馆。大门坐南朝北，外表很不招摇，但砖刻门楼和贴砖高墙十分精致，低调大气。只有走进会馆，方觉内中别有乾坤：单单戏台，八角藻井、垂莲柱和额枋浮雕，工细繁复，声学效果很好，仅次于苏州中张家巷的全晋会馆戏台。每逢佳节，门庭若市。他们不像梁红玉夫妇，和平年代里，他们为自己而奋斗，为自己而工作，并不说些"为了家国"之类的大话。他们依靠双手的努力，换来了自己的财富，同样也创造着社会的价值。今天看来，经商之道，也是一部恢宏壮阔的历史，其意义并不亚于一场革命。

此时，梁红玉祠分外萧条。

英雄沉寂了，不是被遗忘，而是回归；平凡生活，才是人间正道，所有的牺牲，为的不是庙堂上的偶像，而是沉寂大殿外那朴实的、热闹的平凡生活。香火散去了，掸掸身上的征尘，梁红玉祠堂和这条街都终于可以在生活的琐碎中，安闲地睡了。这是所有人的福气啊！

是的，枣市街。这条街已睡了许多年。如果不出意外，请别惊扰它。

花街柳巷：脂粉英雄本如花

　　一次聊天，有外地朋友说起苏州街巷，十分向往：苏州繁华风雅地，天下哪有这许多用花草为名的巷子？太雅了！一气数下来：莲花巷、水仙弄、杏花里、花街巷、柳巷、幽兰巷……

　　我连忙说：你先别忙，越说越不像话，前后全不一样。前面是真花草，后面是镜花水柳，淡抹浓妆。一个词——风月。

　　这是苏州的风流之处。若无她们，唐伯虎哪里称得上"江南第一风流才子"；若无她们，我们的城市历史又要寡淡多少；若无如花的她们，怎反衬出历史大风浪背后那些或英雄或丑陋的人事……拜她们所赐，我们有了那么多剪不断、理还乱的遗事。

　　飞花流水残酒，暮去朝来清袖。天涯陌路尽，寒鸦独栖青楼。风流，风流，恁般变了春秋。

花街：红楼里面是青楼，青楼里面是红楼

　　花街柳巷，巷柳街花。

　　但花街里没有花红，柳巷里也找不到柳绿。走去看，已是新的住宅小区，粉白的房子，黑色的滴水檐对着眉梢。

柳巷8号。现在的这些街道早已清清爽爽、再无曾经的痕迹

心虛根柢固指日定
干霄
薛氏素君戲筆

说花街，我们先摆一道曹雪芹的秘密。央视《百家讲坛》上，作家刘心武讲《红楼梦》，费好大工夫，才将关键人物"脂砚斋评点"的"脂砚斋"先生，解释为一个女子。其实所谓"脂砚斋"，本就来自曹家家传宝：脂砚。

这是自曹雪芹上数的百年前，花街上名妓薛素素的宝贝，一个装胭脂的砚台。用这砚的人，会是男人吗？

据描述，此砚小可盈握，"砚质甚细，微有胭脂晕"，放手里就是个大核桃。有几句词：

芳心在一点，余润拂兰芝。

诗人王穉登将这砚台赠给名妓薛素素。

薛素素是明朝名妓，善画兰花，诗暗指她的字"润娘"。史料记载，薛素素能"诗、书、画、琴、弈、箫、绣，而驰马、走索、射弹，尤绝技也"，故被称为"十能"，她的水墨小品画尤其著名。今天如果运气好，我们还可以在北京故宫博物院看到她的《兰竹松梅图》《兰石图》《溪桥独行图》《兰竹图》，在南京博物院看到《吹箫仕女图》——"玉箫堪弄处，人在凤凰楼"。

再比如她的诗：

香尝花下酒，翠掩竹间扉。

独自看鸥鸟，悠然无是非。

虽然能看出一点尽力向陶渊明靠拢的痕迹，但作为女诗人，在明清时期也是相当难得的了。

此外，她还有一项"绝活"——骑射。她在马上射两个弹丸，后发弹丸能击碎前面的，简直就是武林高手。这样的奇女子，怎不惹人爱？

言归正传。送脂砚的这年，这位多情种子王穉登已经三十九岁了，在那个时代，这已经是一个人极为成熟的年纪。即便如此，他还是为她写些诸如"芳心在一点"这样的"情挑词"——胭脂盒大的砚台，调了胭脂和朱砂，再来画兰花，两手相执，香艳味道虽淡，却很勾人。

有人说还是王穉登懂得女人，有情调。

可惜这时薛素素已经嫁作他人妇，为名士沈德符的姜室，于是留下了一点胭脂晕般的遗憾。

然而风流总被雨打风吹去。名士风流，但薛素素也有独立个性。红极一时的脂砚主人的下落，最后只在钱谦益《列朝诗集小传》有一行："中年长斋礼佛，数嫁皆不终。晚归吴下富家，为房老以死。"房老，就是指年长色衰的姜。后来广东人余之儒为求官，从薛素素后人手中以三间瓦房，买下了脂砚，并送给了曹雪芹曾祖父曹寅。

有人这样评价：红颜迟暮，素心问谁？

不知曹雪芹和他的"脂砚斋"摩挲这砚台，回味红楼一梦的时候，有没有一声长叹。

美丽的误会："苏州美女"非常人

让我们来到花街巷、柳巷、幽兰巷里看看吧。现在这些街道早已清清爽爽，再无曾经的痕迹，但这不妨碍我们踏在那些女子们曾经婷婷袅娜走过的地方，轻盈地想象。

这里，就是古吴最老的"红灯区"。

养育巷南端东边，有两条并列小巷，一条就是花街巷，一条就是柳巷；对面，幽兰巷不声不响。这三条巷虽不长，却是大大有名，甚至名气都走到了全国。

从唐朝开始，养育巷附近衙门林立，明朝府前街、道前街就在附近。府前街是苏州府衙门所在地，道前街是道台衙门所在地。这两个衙门是苏州最高行政机关，京城和外地来苏官员多在附近落脚，为此这一带商店林立，车来人往。每到夜晚，灯红酒绿，笙歌彻夜。俗话说"寻花问柳"，于是得名。幽兰巷，谐音"勾栏巷"，勾栏相当于过去的夜总会，意思就更直白了。白居易曾任苏州刺史，对苏州的娼妓歌咏最多：

> 心奴已死胡容老，后辈风流是阿谁？

心奴，就是一个苏州妓女。

> 江南旧游凡几处，就中最忆吴江隈。

> 李鹃张态一场梦，周屋殷三归夜台。

又有：

> 李鹃张态君莫嫌，亦拟随宜且教取。

……

无论是手掌天下权、醉卧美人膝的"权+色"，还是风流雅士诗书风情的"书+情"，还是五陵年少争缠头、一曲红绡不知数的"商+艳"，抑或苏州故事家冯梦龙《醒世恒言》里"卖油郎独占花魁"的"草根+爱"，没有她们，好多故事似乎就没有了颜色；而有了她们，那些历史就生动了起来，这个秀丽的城市，就多了几分淡淡的花香。

但是花香总让卫道士有些"尴尬"——毕竟声色犬马透着那么几分不端庄。然而，这才是一个当年著名的世界商业都市、文化重镇本有的多重样貌之一。自古中国人安土重迁，农耕文明的帝国中，和平时期最大的常态流动人口，首先就是官员与商人了。那些常年漂泊在外的男性，或官场沉浮，或锱铢必较，或心中块垒，唯愿在眼前寻找一颗心，与自己的寂寞相贴合。这样，苏州鱼米之乡，四时花开，风光秀丽，美食美馔，与情色，再难分开。

这是历史时代的一个现场，今天的你可以不喜欢，但也不要因为今天的思维而否定它的存在。

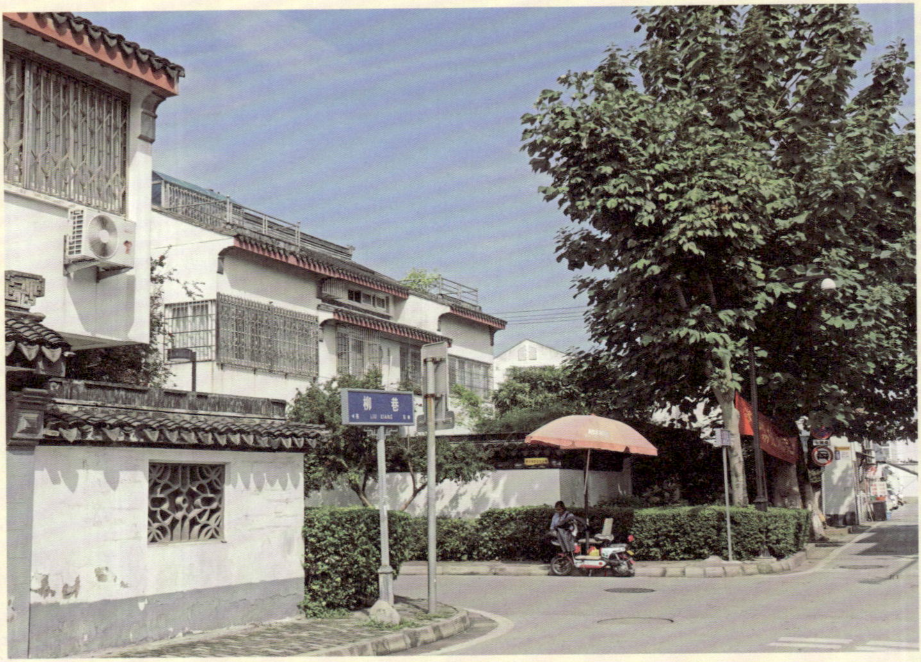
柳巷
LIU XIANG

花街巷
西 HUAJIE XIANG 东

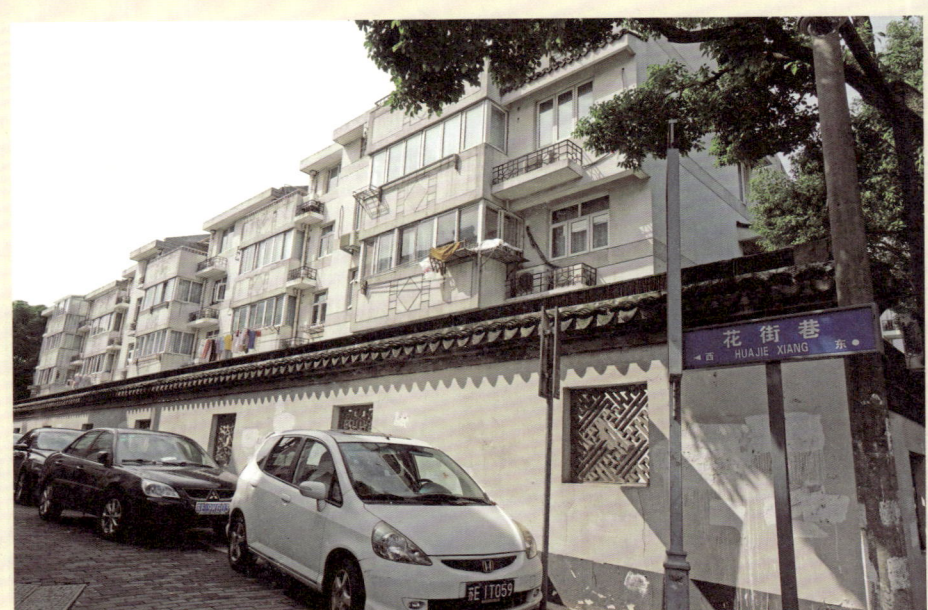

毕竟，她们就这样在我们走过的地方走过，她们用属于她们的方式，顽强地在历史上留下了属于自己的印记。脂粉英雄，一抹淡淡的粉色。

苏州的名妓们并不以美色而闻名。再考证下去，关于她们的秘辛就越来越有趣。毕竟苏州是个文风繁盛之地、商贾辐辏之所，众多官员往还，美色之外，更看重的是才华与情趣。因此，水涨船高，这些女子们在竞争中开始积攒"核心竞争力"。

要想留住位高权重者或者文人雅士，就得琴棋书画诗词歌赋皆通。

要想留住商贾的荷包，就要留住他们的身心，套用一句今天的俗话："要留住男人，就要留住他们的胃。"五百年前这些聪明的小女子游春时候开始登上小舟，细心烹调起小菜来。

这些优势，再加上苏州话的软糯，于是苏州风就遍刮全国。

清末，有好此道者专门撰写《八埠艳语》："妓家分南北帮。南帮活泼，北帮诚实不免固执。南帮应客，周旋极殷，如论风头，则非北帮可及。"

同乐坊的伤痕：同是天涯沦落人

走到同乐坊，我们也许该停停。石路之东的地方，本是繁华，但这里的过去，有点不一样。时间到了民国初年，苏州的青楼名字早就发生了改变，变得分外隐晦，带着些不明不白的暧昧：

向导社。

意思是，有客人要游玩苏州，这类"公司"会提供青年妇女伴游。这种打擦边球的公司，后来很快堕落为妓院，今天看有点像"三陪"之类，这个与时俱进的进化路径，实在是令人汗颜。

造成这个情况的原因，无他，就是贫困。这种来自精神世界和物质世界的双重贫困，主导了自古代到民国时期妓女们的命运。

花自飘零水自流。

以江南苏州为代表的地区之富庶，自古有名，但在美国加利福尼亚大学圣克鲁斯分校历史系教授、文化研究中心主任贺萧的著作《危险的愉悦》一书中，却描述了一个截然不同的江南地区："民国二十三年（1934），苏州附近的一个村庄，几乎每个女孩子都向往当妓女，父母们总是想方设法把八九岁的女孩送到上海妓女亲戚家中，先从婢女干起，稍大一点就成为雏妓，以期能让她们过上好日子。"

但是具有讽刺意味的是，这一年，正好是民国时期"新生活运动"的肇始年。这一年，为让国民拥有健康"精神"和"生活"，这种一刀切式的"运动"，让一般妇女连头发都不敢烫，因为据说"烫发即是娼妓"。种种荒唐，被当时中国共产党批判为"奴隶式运动"。

"向导社"和伴游女的诞生，不知与此有没有关系。

苏州城有没有因为她们而"尴尬"。

不知道。

但也许她们其中的一些人不会难为情，反而腰杆直挺挺的。

妓女也是人。当文化素质和生活意趣的提高达到一定水准的时候，她们在其中开始发现和找寻自我。以"色"起势，以"才"惊人，以"情"动人——她们当中的杰出者开始可以与消费她们的男性们"平起平坐"——当然，这种平起平坐如果用当下的女性观念来看，自然是"卑微"而空有其表的，但在当时那个时代里，已经是一个奇迹了。

比如唐朝最著名的妓女，苏州真娘，也有说法是"贞娘"。《青楼小名录》里曾说："真娘，吴国之佳人也，时人比于钱塘苏小小。"她的爱情故事引得一干名诗人如李绅、李商隐都纷纷写诗赞她。

提笔写"锄禾日当午"的唐代诗人李绅可能是最早记录真娘的一

位，他的《真娘墓诗并序》这样介绍真娘："真娘，吴之妓入，歌舞有名者。死葬武丘（即虎丘）寺前，吴中少年从其志也。墓多花草，以蔽其上。嘉兴县前亦有吴妓人苏小小墓，风雨之夕，或闻其上有歌吹之音。"

实在太传奇了，古人有韩娥"余音绕梁三日不绝"的传说，这个后代的苏州名妓，不仅获得了诗人对其艺术造诣的追忆，甚至人们似乎在有风雨的日子里，能听到真娘墓上有"歌吹之音"。

一株繁艳春城尽，双树慈门忍草生。

愁态自随风烛灭，爱心难逐雨花轻。

黛消波月空蟾影，歌息梁尘有梵声。

还似钱唐苏小小，只应回首是卿卿。

不过更多的是一种人格上的赞誉，比如苏东坡：

位于虎丘南麓的古真娘墓

《武陵春图》 明·吴伟 绘 故宫博物院藏

真娘墓头春草碧，心奴冀上秋霜白。

为问苏台酒席中，使君歌笑与谁同。

就中唯有杨琼在，堪上东山伴谢公。

今天收藏于辽宁省博物馆、相传为明代苏州画家仇英仿《清明上河图》的画作中，进城后的第一家，也是下侧的建筑，就是一座台阁，牌匾上为"武陵台榭"。而台榭上的红衣舞者，就是当时被称为"江南名妓"的武陵春。在苏州画家二度创作的、代表盛世升平景象的画作中，苏州名妓们成为点缀盛世的花朵。而故宫博物院里，我们仍能够见到同时代画家吴伟笔下的《武陵春图》，不大的画面上，那个被人们传诵着应该是"艳名四射"的武陵春，哀婉枯坐，一手支颐，一手执卷，陪伴她的，是一具石案、一盆疏梅。石案代表海枯石烂，真爱不渝，而梅花象征高洁。

故事就这样铺排开来：

武陵春是江南名妓，原名齐慧贞。传说，这个不幸的女子与一个傅姓的书生相爱五年。后来，傅生因言获罪而被流放，那时候的流放戍边几乎就是永诀。其时，即便是好友士林俊秀们都唯恐避之不及，慧贞却不离不弃，倾其资财营救；因为营救失败，她最终忧郁成疾而死。

名妓柳如是骂丈夫钱谦益投降大清没出息："嫁错了人！"但是当

武陵春色

大千先生命题
溥儒

钱谦益因为后来支持反清复明活动而被拘押，她又四处奔走，用私房钱四处打点，营救夫君；及至钱谦益病逝，钱家族人谋图家产，她又愤然上吊自戕以保住夫君血脉的家业……如此率性，还有谁能为她们尴尬呢？

好女人是好看而且温暖的。她们留住的，是那些落魄的人的心。

此时，那些有她们的尊严、有她们的坚持、有她们的德行的妓女们，就成了一面镜子，映照着商人们、士大夫甚至是这个朝堂和家国的灵魂。她们就是他们，有的"她们"甚至在私德和道义上，更胜"他们"一筹。但她们没有嘲笑，只是张开怀抱，将这些"成功的失败者"搂在怀里。

清波双佩寂无踪，情爱悠悠怨恨重。

残粉黄生银扑面，故衣香寄玉关胸。

月明花向灯前落，春尽人从梦里逢。

再托生来侬未老，好教相见梦姿容。（唐寅《哭妓徐素》）

花街柳巷，巷柳街花。这几条街上从来没有过什么所谓卖笑女，只有几个袅娜而孤单的背影，静静的，不向我们诉说什么，身后，是天上漫卷而过的高积云。

盛家浜：市井经得起沉淀

盛家浜是一条不大的弄堂，实际上要找到盛家浜真不容易。

你在剪金桥巷里像没头苍蝇一般乱撞，正在晕头转向，回神却发现背后的巷子正冲着你微笑。去盛家浜的最好时分，应当是中午过去一点点的时候，刚下过雨的巷子光线又好，又十分凉爽，黑瓦白墙于是眉眼分明。这是静物，让它活泼起来的，是街上忽然打开门的住户，倚门而立，打着招呼，捧着饭碗，一时间街上飘了饭蓬蓬的香气。

市井是复杂的，但同时好简单。门户打开，里面即是客厅兼饭堂，没有城府，真是坦荡——这份市井声声，突然叫人有了一种受宠若惊的感觉。

丢脸的成太尉

盛家浜不姓"盛"。这条东出游马坡巷、西到剪金桥巷的小弄堂，本来是一个西通内城河的断头浜，里面既没有过"盛家"，也没有过姓"盛"的人家。

有老人说，此"盛"实际上念"成"，盛家浜以前叫成家浜。

《吴郡志》里有说法，唐末时期，苏州刺史成及，也就是五代十国里吴越国"海龙王"钱镠的乘龙快婿，在这里曾经住过。成及曾经有"十国

第一人"之称，却被政治家杨行密所俘虏。但他非常硬颈，持节不屈，这倒让杨行密很赏识，于是第二年放归。钱镠照样对他信任有加，最后官拜彰义节度使，在军事和经济上都有建树。讲义气，踏实肯干，老百姓就比较喜爱，所以"有名"留在了这条小弄堂里。

不过，更加坐实的一个说法是，这里曾经是追随宋高宗南渡建立南宋王朝的名将成闵的宅第所在。

这个成闵当年可不得了，是数一数二的猛将，淮阳之战时杀敌奋勇，反复冲进冲出淮阳城，身上中了三十多枪，好像刺猬，在鬼门关走了一遭。这种勇武，似乎只有西汉的勇士灌夫可以比拟。连当时的主帅韩世忠都看得出了一身冷汗："论勇猛，他称第二我就不敢称第一。"

但花无百样红，人是会变的。这人后来很快就腐败了，没有晚节。十年后，宋金再度开战，追击金人时他只敢远远地跟随，成了金人的"护驾"，老乡邻于是就很不齿。虽然最后成闵官拜太尉——相当于国防部长——但这也不会让大家稀罕。市井的说法，叫"成家浜"太丢人，后来干脆讹称盛家浜。于是，在明代和清乾隆、同治年间编纂的《苏州府志》里，这里都叫"盛家浜巷"。

街上人来人往，盛家浜里山墙上爬山虎延展了一墙。沧浪亭里有人感怀韩世忠，可是再没有人提起这个成太尉。怎么说呢？现世的好处和权势都敌不过乡邻口碑，看看人家成及，不知道成闵如果泉下有知，会不会后悔。

恐怖的皮场庙

成太尉是给盛家浜丢了脸,可也有件长脸的事——虽然有点"恐怖"。

皮场大王庙。

巷子里有一根石柱擎天,小孩在下面玩着今天看来已经有些过时的溜溜球。柱子有点泛红,藤蔓爬满了顶端,好像一块无字碑,多少带了些遗迹的味道。

那么,皮场大王庙到底是个什么场地呢?

如果有电影的蒙太奇,我们也许会看见那个穷和尚出身、曾经被逼上起义道路的朱元璋坐在龙椅上咬牙切齿:准许老百姓揭发,有敢贪银八两以上的官儿,剥皮楦草!

剥皮楦草,民间也叫扒皮塞草,听起来真有点虚幻,好像评话小说的大书。事实上,对官员们来说,这的确是一个可怕的地方。

老实说,苏州人是不大喜欢朱元璋的。这个人睚眦必报,心胸狭窄,比之于宽厚的张士诚,差得远;不过,打听回来,当年竟没有一个人对这个可怕的地方表示反对。

支场大王庙实际上是个土地祠,《吴门表隐·附集》上说:

各衙门立土地一祠,明太祖命建,名皮场大王神,曾定例:官吏坐赃八两以上,罪至剥皮楦草,故立此以警之。今各大宪仪仗中有搁楞,乃剥皮楦草器。法用滚桐油灌入腹中,坐罪人于上,下置水缸,将炒热河沙淋身,即硬,将起剥下,须眉俱有……

实在有些吓人,并且行刑不避市人,方法多样。

然后就是恐怖的极致了:皮囊就挂在官府衙门案桌旁。想想看,身边悬着的并不是达摩利克斯之剑，而是一具具前任的皮囊，办公的官员是什么感觉？有人说老朱嗜血，这个明朝开国皇帝出身贫苦，他把对腐败的平民式的恨带到了治理天下中来。的确太残忍，但符合他的逻辑。

虽然某种意义上说算是解气，但老苏州们一想到残忍就皱了眉头。

不过苏州人有苏州人的逻辑。

石柱旁边，问到一个阿婆：那个扒皮塞草的庙哪里去了？

阿婆皱皱眉：什么扒皮？

你是说药王庙？皮场庙就是药王庙。以前有个医生姓张，医术并不高明，可人是不错，经常施医舍药，后来他的老婆梦到一个神仙，自称皮场大王，给了一本天书，医生读了，就成了神医，痈疮坏疽，一看就好。张医生也不隐瞒，说是神人点化，大家就立了庙祭奠。

老百姓有传说，文人墨客有传奇。

《吴门表隐》卷三里就有这样的记载：

螫虿（瘰虿）大王庙在盛家浜，神本东京显神坊土神，神姓张名森，汉时汤阴人，为皮场镇吏。森曾于镇上杀蝎除害，民感之，立惠应庙祀之。庙向在汴京，与贡院邻，士人试礼部者，必祷焉。宋初创建于吴……今民间生螫虿者，用白雄鸡祀之，甚验。

尽管大王庙里的神祇已经考据得有名有姓，家在何方，功业如何都极详细，只不过这段记载还是不太经得起推敲。比如士子当官，何必要拜一个"虫子防治专家"的门槛？还不如真真地去祭拜一下专管腐败的神灵来得要紧。这恐怕还是将这段恐怖历史掩盖得不太完全所露出的"马脚"。

《宋代平江城坊考》里，作者王謇就比较实在，他说明了原来这里是一个"祀神之所"，明代用来剥皮楦草，后来刑法废除了以后，"供所

谓疮疥菩萨也"。

朱元璋要皮场庙杀人，老百姓让皮场庙救人。人杀了就没了，可并不能叫人心悦诚服。朱皇帝身后，腐败"春风吹又生"；祭奠医神，疮疥之神，与人为善，才维系了小巷百年的蜿蜒。

朱元璋不知怎么想。

市井桃园

皮场庙石柱边是高墙，高墙上是盛家浜标志性的爬山虎。爬山虎从巷口伸展，紧紧趴在一线的墙上，感觉揪住一叶，就能从复杂的街区里将盛家浜拎出来。

一拎，就拎出了桃园。

桃园没有太多显赫的履历。

民国上海邮政总局局长王振伯、东吴丝绸厂业主陶伯渊、吴县律师工会会长吴曾善三家住宅，在二十世纪末，新中国旧房改造时，三家合并，成了这个院子，取"桃园三结义"之意。乡邻和美，诚信义气，比什么都强。

日子那么久，能保持这种姿态，毫不张扬，也是另一种了不起。这是市井的桃园。常年免费开放，茶水照例五元钱一杯，老茶客带了茶具，天天来这里。家长里短中就让六官成太尉丢了脸，让恐怖的杀人场变成救人的药王庙。

市井在这里经得起沉淀，谁都可以进出，更显得坦荡。

走进去，走出来，这份市井声声，竟叫人有了一种受宠若惊的感觉。

混堂弄:"净浴",洗出一个清爽的苏州城

尽管有人说,人生万苦都是苦在了身体发肤上,但说起来,我们还真的是爱极了这副皮囊。

苏州人说最为理想的生活是:早上皮包水,晚上水包皮。前一个是说坐茶馆,后一个就是说孵混堂。早晨起来,到茶馆里招呼一壶茶,成了"皮包水";下午或者晚上孵混堂,泡在浴池里逍遥自在,泡掉人间烦恼,又成了"水包皮"。一里一外,两层热水,只有中间这层皮最为熨帖。

喝茶,几乎大江南北都是一样的;但洗澡,就各有千秋了。苏州话里,实际上是没有"洗澡"一说的。苏州人有着与性格一样的细腻和讲究,"洗"字与"死"字同音,于是转化为"汏"——"汏头""汏衣裳"。洗脸时,"汏"的动作太大,就显得不甚雅观了,于是就叫"揩面",用毛巾在脸上将水珠揩去之意,带着一份慢调的优雅。同理,洗澡叫什么呢?"净浴"。而澡堂,就成了"混堂"——这么多人一起泡澡堂,上下一处,鱼龙混杂,偏又相安无事,当然是"混堂"者也。

但是,混堂的解释可不止这一种。还有说法是沐浴时大家合用一池，池水一天里不更换，所以池水浑浊，其实当为"浑堂"。也有的说法是，明朝苏州的浴室结构，前面是池，后是烧水炉锅，中间有砖墙隔开，池底管道和"锅炉"相通，热水就和池里冷水不断交流混合，逐渐增温，就叫混堂了。

但不管怎样称呼，混堂的"本质"却是不变的——的确，也许三教也许九流，在龙腾虎跃的人生中，总是需要一段时间，就像深夜窝在温暖草窝里的土鸡，挤挤挨挨地凑在一起，双眼微闭，躺在一个春夏秋冬的梦里，孵出一个个清爽的人生。

"混堂"不"混堂"，好一个"十二混堂"传奇

洗澡真是一件传奇而又伟大的事业，尤其是在混堂里。

苏州人，冬天的澡堂是用"孵"的，过去老苏州社交场听不多，茶馆还分三六九等，只有混堂，不知为什么，却总是忽略士农工商官，档次差距总也不大。即便座位分个官座、客座、平座，但到了池子里，老东吴的教授背靠着黄包车的脚夫，行脚的小商贩抬头看着民国大律师的脸，都是相顾一笑。时事传闻，掌故新知，随着热气蒸腾，怪不得一个民国老报人如此说：要了解一个城市，就要先了解它的澡堂。

不过，住过苏州的曹雪芹，在《红楼梦》二十二回《听由文宝玉悟禅机，制灯谜贾政悲谶语》中，用了一出名叫《虎囊弹·山门》的昆曲，里面一首曲子《寄生草》表达了一种境界，这恐怕也能够表达苏州"混堂哲学"理念的一二。词写得很痛快：

漫搵英雄泪，相离处士家；谢慈悲，剃度莲台下，没缘法，转眼分离乍，赤条条来去无牵挂。那里讨烟蓑雨笠卷单行，一任俺芒鞋破钵随缘化。

故事讲的是鲁智深行侠仗义大闹五台山，最后反出山门的事。虽然

未必人人做得鲁智深，但都可向往这个率性人的洒脱，"赤条条来去无牵挂"，到了混堂里，一切身外之物都褪去了，对面一看都是有鼻子有眼的平等人，就算是九五至尊，也不能多长一只手以示尊贵，或者鼻子长到脑门上冲天表示高人一等。

所以，是龙您也得盘着，是虎您也得卧着，在哪儿？

池子里！

那才叫一个生猛爽快！泡下去四十分钟不动，头顶一块烫毛巾，好似老僧打坐，甚至连表情神态都全部到位了。若是离锅最近的"焦池"，水温极高，几乎就是开水，来客身处其中，酣畅淋漓，大呼"爽快"。然而不谙此道者看来，简直是一场暗战。

"焦池"意思就是高温如"焦"的池子，里面多数是耐久持重的老先生，貌不惊人。来客进得去，想要出来却不是那般容易。比方我刚一伸脚，哇，好烫。想抽出来，微微闭眼享受的老先生们会不约而同地笑笑，拿眼瞟你那么一下：看看，年轻人不要逞能。箭在弦上，苏州话叫"硬撑"，面子总要撑过去的，咬着牙下池，全身立刻就好像被两个大胖子用树枝啪啪猛抽，又好像在平锅里头打滚。老先生们这时候不再笑话，而是打气："没关系，再挺一会，几分钟后适应了就好了。"然而功夫不是一天练成的，周身还是小刀似的乱扎，有心赶快逃跑，可周围都是好心人，怎么好意思叫前辈失望？终于等到老先生们一个疏忽，忽地从池子里爬出，连滚带爬溜走。直到坐到靠椅上时，才知道好处：是苦即是乐，虽然还有些火烧火燎，但是周身肌肉每一根纤维都好像泡开的发菜，搓得舒畅，怎一个"舒泰"能够形容？

即便说苏州是一个"混堂之城"也不为过。关于苏州城的建筑，老苏州就有"七塔八幢九馒头"的说法——双塔、白塔、石塔、瑞光塔、北寺塔，连同城外虎丘塔，总称"七塔"；"八幢"，指的是佛教经幢，南朝

四百八十寺，苏州最有名的经幢曾有八座；到了"九馒头"这里，指的既不是馒头铺，也不是形似馒头的坟墓，而是今天已经看不到样子的古代洗浴建筑——澡堂，远远看去，状若一个半球形馒头敦实地孵在地上。

能和佛教的著名建筑经幢以及高塔齐名，除了造型确实有些特色以外，恐怕最大的原因就是人们对它的倚重吧。

不过，"九馒头"的说法，恐怕还是不能将苏州混堂黄金时代的"宏伟景象"一网打尽。

根据《苏州街巷文化》一书的整理，我们可以看到，在苏州古城，除了眼下这一条，仅仅以"混堂"为名的街巷，还曾有十一条之多：

混堂弄街景

东南起焦言浜，西至临顿路，叫前后混堂弄，一前一后相接。

东接仓街，西至平江路，接"混堂弄"的巷子，曾叫作"长庆里"。

朱进士巷4—15号，原来也叫"混堂弄"。

新生弄1—4号，伍子胥弄6—7号，朱家庄大街内，泰伯庙西旧称
"西浑堂弄"，今天的五峰园弄、山塘街元福里、万年桥大街上新生一弄
到四弄、渡僧桥弄……

浑堂，混而平等，真是一个伟大的事业。

苏州混堂巷曾有十二条之多，此为平江路上的混堂巷及其支弄

人心似水，恐怖的混堂公公不算可怕

苏州混堂规矩多，于是逸事也多。不过，最有意思的却是一场谜样的怪谈，好像恐怖片，说来有点冷飕飕。

桃花坞东混堂弄，大概是最后一条有老澡堂的弄堂，澡堂的原址现在成了一幢好看的小楼，边上是繁杂的市场。而平江路中段的混堂弄，却是苏州十二处混堂弄里，至今最为"名正言顺"、唯一命名的"混堂弄"。然而就是这里，和其他十一个地方一样，在清朝的时候有这样一个传闻：一年中至少会有一名浴客死在池内。

《苏州杂志》有考证说：在苏州，每个浴池，都有一个"混堂公公"在沉沉的水底掌管着。听名字，"混堂公公"，就知道这绝不是一个阳春白雪的存在，而是一个吃人的恶魔。正当大家浸泡在池中享受难得的美好时光时，混堂公公已经在池底冥冥地袭来，在人们半睡半醒地"孵澡堂"时，就像"天黑请闭眼"游戏一样，暗暗地吞噬着浴客。等到营业结束，客去人散，人们才会发现水面上忽地漂起一条发辫，或者是客座中多了一套没有人穿的衣裤——这才知道，"混堂公公"又在享受他一年一度的祭品了。

这些考证有据可循，但民间阿婆们的传说里，还有更加诡异的细节等待着我们发现。

据说非常言之凿凿的证据，是当时一年一度清理澡堂的时候，人们会在池底发现一窝散乱的头发，几颗苍白的牙齿，甚至还有眼球一样的东西，或者一截手指骨。还有，你和朋友去泡澡，有时大家谈天正热络，你会发现朋友突然没了声音，如果回头及时，就会看见他好像睡着了一样缓缓地沉入水中。若拉起来及时，你多半会在他的脚踝处看见几道像是尖尖指甲划出的血痕……

真是要多可怕有多可怕。"混堂公公"的形象,简直就是20世纪80年代香港僵尸片里那些穿着发霉清朝官服的僵白脸。

但是——讲故事的阿婆们往往会突然卖个关子:实际上,这个貌似来无影去无踪的"混堂公公",是有踪迹可寻的,因为只有一个人知道它的到来!

谁呢?

是澡堂烧灶的人。比如说,每天早上开炉的时候,烧灶的阿公会胆战心惊地看一眼灶膛的风口,也就是添柴的地方。

看什么呢?

在刚刚燃起的柴火之间,如果突然有一双女人的小脚缓缓地从炉膛上方探下来,什么也不用说,烧灶的阿公头皮一麻,今天必要出事了——这天混堂公公一定会来索命的。

接下来,烧灶阿公要做的是……

——当然要赶紧告诉大家,别让大家下池子了!

你肯定会这样说。

不不不,你太小,还不懂得。阿婆这时往往会很严肃地说:

烧灶阿公会立刻紧闭上口,什么都不说,然后拼命地往炉膛里添柴。

——要烧死那双有小脚的怪物吗?

不,一定要把洗澡水烧得更烫更舒服!

——这是为什么啊?

因为怕啊。如果烧灶的阿公对人说破了,别人是没有危险了,那么"混堂公公"吃谁去?

谁说破了,谁就得当替身,让"混堂公公"给吃了!所以以后世间的事情啊,大家都不说破,你也千万别说破!

——那、那,烧灶的阿公胆子小不说破就算了,那为什么还要把洗

澡水烧得那样好啊?

　　欸,这就是阿公聪明了,洗澡水烧得好,洗澡的人就多,洗得美的就更多了;大家一美,警惕心就小了;那么"混堂公公"吃人的计划就更顺利了;"混堂公公"吃得好,一开心,那对烧灶的阿公来说,就增加了一分安全了!

　　现在知道"混堂公公"的可怕了吧!

　　这段传说已经听过了这么多年,但经过岁月的洗磨,趴在澡堂深处的那个坏蛋的形象,早就随着年龄的增长而变得模糊和可笑了;但那个撅着屁股像叩头一样探头探脑看炉膛,然后闭着嘴咬着牙瞪着眼拼命往炉膛里添柴,好让祸水转到他人头上的"阿公"的表情,却如阴霾一样挥之不去，相比于虚幻的鬼灵精怪的恶形恶相，这种充满现实感的"邪恶仆从"，却更可怕。

这就是平庸之恶。恶得一点都不轰轰烈烈，但他们却恶得实实在在，恶得理直气壮（比如"我也是为了生存呀"），恶得机关算尽（就像烧灶阿公为了多得一点点所谓鬼怪的"好感"而全力添柴为虎作伥一样），恶得平凡无奇；但积少成多，聚沙成塔，最后让人无话可说。

混堂的秘密和地方官的执着

恐怖传说正在延续，但"跋扈"的混堂公公，却不知大难已经临头。

因为，"抓鬼天师"即将登场。

不过这里关于"天师"的确切身份，有一个小小的问题：有的说是一位陈姓的知县，也有人说，是清朝名臣汤斌。总之，有一点不变，他都是新来的地方官。

好吧，不管是哪位，因为害怕的苏州浴客们已经等不及了。

听说混堂公公吃人的故事，这位新来的官员，立刻表示出对怪力乱神的重视，然后干了一件后来影响整个洗浴业的大事：驱逐混堂公公。

中国历代儒家官员，向来不语怪力乱神的，或者对这些明显有些逻辑问题的传说，是表示轻蔑的，但他不一样。

这位官员选了一个吉日，下令全城澡堂只烧水不卖座，他要一家家来驱除混堂公公。一个堂堂的国家公务员，竟然也闹迷信？消息传开，万人空巷。古代中国，世俗权力大于一切，因此他整齐的官服大过了一切道袍佛冠。他为此还专门写了一篇《祭混堂公公文》，每到一处澡堂，杀鸡投池，一板一眼，然后高声朗读，再将祭文烧了，做足了全套僧道禅尼的夕门功夫，最后吩咐衙役把馒头屋顶凿一个大天窗。然后，他义正词严地告诫混堂经营者，"混堂公公"就是澡堂常年缺乏打扫导致秽气积压产生出来的邪祟，所以时常清洁浴池，是防止妖魔入侵的最佳手法。

说来也怪，自从这位地方官一祭，大家按他说的做，澡堂果然太平无事了，混堂公公立刻销声匿迹。民心大安。这一个改革，直接影响了全国。比如"开窗理论"，据他的观点，驱除混堂公公的障碍，在于馒头形的屋顶太过封闭，打破这个屋顶，混堂公公才有出逃的路线……

就像科普一样，我们总要将他奇怪的"驱魔仪式"解释一番。

"混堂公公"，当然是无稽之谈，但"受害者"们的恐怖体验，却有道理可循。

过去的澡堂结构是封闭的"馒头顶"，而且很低，热气不流通，温度又高，现在一般人都有晕池的经历，何况那时候安全措施不当呢？

"馒头"顶上开窗，加快空气对流，增大混堂内部空气含氧量，适当解决高温问题，这个处理是精当的。这就不难解释之前'混堂公公'作祟的事情了：传统空气污浊的混堂里，心脑血管有毛病的人，往往会出问题。很多朋友喜欢喝了小酒去泡澡，晕了池子，人自然是缓缓下沉；过去混堂泡澡的位置，热水中是有木制的格子让人坐着的，人在溺水的慌乱中，被热水软化的皮肤难免会与木制格子发生碰撞，产生类似抓痕的瘀青或者伤口；同样，过去澡堂从成本角度出发，清洁不力，年陈日久，泡澡人的脱发，在池底被热水流激荡，都缠绕在一起，远看就像一顶人头发；至于水里漂起的发辫，不知有多少秃顶者，到家才发现自己的假发早丢之乎也。

然后是牙齿、眼睛、手指骨的事情。如果有人仔细检视，眼睛多半是假眼，理由同假发；而脱落的牙齿，对于一个天天人流如织的混堂来说，上千老者来往，一年难保没有几颗遗落水中；而手指骨，则涉及麻风病人的隐私了。

这是一个古代的科学故事，生产力低下导致的愚昧和市民惊奇文学让一些简单的故事变得荒诞不经，同时又对社会世情做出了另类的解读和现实的象征。

这是一种生活方式，是一种惯性思维的习惯。移风易俗，说起来容易，但习惯又岂是一朝一夕可以改变的？

现在看来，这个地方官实在是一个聪明而坚决的人。借着逐"混堂公公"，实则改变人们的行为习惯，真是煞费苦心。

混堂巷街景

"头汤浴"，不在头汤

吃过"头汤面"没有？

也有人，会赶洗"头汤浴"。

设想池水一天不换，浑汤浊水，泡起来当然不爽利，所以就有浴客买通混堂浴工，开后门抢在浴室营业前、大池浴水清澈见底时"先入为主"，清清爽爽一洗为快。据说这是去朱鸿兴面馆吃头汤面后得到的启发。

不过，苏州人却极少有赶这个"头汤"的，说好五点整，决不四点五十九分。老浴客一说到这儿，立刻点明："上海人！"

上海人的确喜欢"赶头汤"。一个澡，一池水，洗澡，洗早。洗早就是占了大家的便宜，洗早就是一个干净，洗早就是一个特权。洗早就是一个"早"字，早了就有好钱赚，早了就有好机会，人防人，各顾各……

苏州老浴客却说：孵。讲究是多的，老伙计告诉我们：头汤的水生得很，是要伤身体的，孩儿皮子嫩，年轻人身子也禁不住，水熟了才能养身子。木制斜榻，一杯香茶；飘忽的雾气，往来的人声；请个师傅敲个响亮的背，或者修一修奔波劳苦里风尘仆仆的脚；五块钱一个小睡，外卖一碗奥灶面，谈谈闲天；洗澡时候哼一句"适才听得司令讲，阿庆嫂真是不寻常"，另一头长榻就会跟上昆剧、锡剧版的"参谋长休要谬夸奖"……人人平等，任你是谁，一池水。

记得有家浴池门上贴过这样一副对联：

进门皆是清洁客，出门并无龌龊人。

也许人生就像洗一次澡，在混堂里面讲的掌故，都是为了像洗尘一样，让你可以干干净净的故事。

桥头斜阳

—— 草头百姓的岁月信仰

　　轻舟唱晚，渔樵问答，王朝的忽兴忽灭恍如水中漂浮之一毛，而桥畔的人的俗世生活，却如中流的石塔，矗立水中永恒不倒，无论浮华与质朴，无论春秋冬夏。即便是承载了那么多的人世往还的饮马桥，虽然不算特别美丽动人，但毕竟坚守着草头百姓的生活信仰。

饮马桥：悠悠，不尽俗世滚滚流

饮马者，当为出尘高洁者也

苏州人说话习惯，讲单字名的"桥"，会加个"头"字，如"乐桥头""皋桥头"，表示是一个区域，大概约定俗成。两字的桥就不这样，也没谁把乌鹊桥叫成"乌鹊桥头"的。

不过如果人们来到饮马桥，恐怕可以叫"饮马桥头"——因为与其他桥相比，这座占据交通要冲的颇有名气的桥，实在太短，南北连接人民路，长只有六点五米，宽倒有三十一点八米，跨径六米，花岗石镂花桥栏。如果用一个人的体形来比较的话，就是腰围比身高阔了足足五倍，说是"跨"十全河，干脆就是躺在水上好吧？真真一个胖子了得！再加上人民路的车如流水马如龙，这的确可以称得上一个身在姑苏闹市一隅、代表着世俗生活区域的"桥头"了。

不过在当初，饮马桥曾经轻盈并且"形而上学"过。据记载，饮马桥始建于东晋之前。在唐代《吴地记》、宋代《吴郡志》、明代《姑苏志》，包括清代方志中，都有它的身影，木构造板桥。到了20世纪50至70年代，城市修建中拓宽，1984年人民路拓展中再次重建，形成了今天的样子，端的是十足"传承有序"的城市古董。

在宋代的《平江图》上，"饮马桥"的标注赫然在目。方志中记载着"饮马桥"名称的来历：相传晋高僧支遁饮马于桥下。《红兰逸乘》载："支遁好乘马。其最重者名曰'频伽'，尝饮频伽于桥下，马溲处忽生莲花，人异之。故名桥曰'饮马'。"

如果可以用影像叠化的影视效果来看的话，那么眼前一定是这样的画面：在今天人民路和十梓街相交的热闹路口，一千七百年前，那个叫支遁的高僧，牵马逶迤而来。今天的人们真急躁，支遁的旅行好悠闲。

一个白净挺拔的僧人，一匹好马，气质出尘，走着走着，累了，就自然地在桥头停下。他们在桥边做了什么呢？有人说僧人让马饮水，也有人说是僧人让那马"放水"，或者兼而有之。总之，带佛性的马做事的地方，居然生出了一茎雪白的莲花，人们感到惊奇，就取名"饮马桥"。以前在饮马桥南有条小巷莲花巷，据说就是莲花所在地。

说到这里，典故倒更像一个佛家的偈语。一个原籍湖北的高僧，不远千里，奔到苏州，不留痕迹，单在这里留一朵莲，是什么意思呢？

高僧原是一个茶僧。来苏州，是来找水，泡茶的好水。

后世《高僧传》记载的这个支遁，绝不是一个随便闲逛的野僧。儒释道三家合流在宋代，不过在他身上，早已经圆融贯通。据说他"聪明秀彻"，并对茶有深厚理解。书法家王羲之不以为然，支遁一边泡茶，一边口吐莲花，讲庄子"逍遥"，震服王羲之。后来，支遁遛马复州竟陵龙盖山，宣传佛理老庄，还开凿一井三眼品字泉煮茶论道，后称"支公泉"。

几百年后，龙盖寺的老僧把一个病馁的小孩救到寺里。似乎是冥冥之中的定数和历史草蛇灰线的勾连，这个小乞丐在龙盖寺学会了煮茶泡茶。二十年后，他来到苏州，走过前辈遛马开花的地方，开启了中国茶道的经典《茶经》——这个当年的小乞丐，就是后人尊为"茶圣"的陆羽。

后来唐朝茶人诗人皮日休、陆龟蒙共同考证支遁为"中国茶道精神导师"。

桥上满载的是名利意气往来趋驰，桥下荡漾着世间无水不朝东。苏州有好水，也有好茶。和尚为茶而来，为茶而去，茶里春秋，淡然品茗；虽然不语，马的名字却泄露一点天机：频伽。"频伽"实际上在佛教里意有所指，就是妙音鸟迦陵频伽，鸣声清脆悦耳，生长在极乐净土。喧闹俗世凡尘，应该是最不利修行的地方，为什么妙音鸟来到这里饮水驻足，还会生长出一株白莲花？

八百年后另一个和尚，南宋黄龙慧开禅师，给出了答案。其时慧开和尚为求顿悟来到平江府（宋代苏州的名称），投身月林师观禅师。月林禅师教慧开参"无"字话头，终成正果：

饥来食，困则眠；

> 热取凉，寒向火。
>
> 平常心即是自自然然，一无造作；
>
> 了无是非取舍，只管行住坐卧，应机接物。
>
> 春有百花秋有月，夏有凉风冬有雪。
>
> 若无闲事挂心头，便是人间好时节。

你在桥上茫然奔忙，你要的真是你在追求的吗？人心里没有了烦事，放下非常心，不论人是非，不为欲望造作，自然自在，即便身居闹市，心头也是灵山了。饮马桥畔，静下心来，妙音鸟在，逍遥一朵莲花。

战争史的"外插花"：被消解的战争创痛

"饮马"一词，在中文的组合中，往往是优美的。比如"青青河边草，绵绵思远道"——这是汉乐府里《饮马长城窟行》的思妇怀人诗。但更多的，是一种关于战争的隐喻，要和宏大的、波澜壮阔的一些东西相互结合，比如战争，比如"饮马长江""饮马于河"。这种组合在《左传》《史记》中所见不少，每每都是轰轰烈烈。

饮马桥也曾这样"饮马"过，不过就像评话艺人的"外插花"，叫人五味杂陈，哭笑不得。

这个传说里的主要角色，乃穿越而来的武圣人关公是也。

明代时饮马桥南有座关帝庙，苏州人虔诚，还有传说说赤兔马常在夜里跑出来在桥下饮水。

然后就是挑战者、杀人魔王土国宝上场了。

时间退回到清人入关的顺治二年（1645）。江宁巡抚兼总兵、明朝降将土国宝率军平定苏州。苏州城不战而降。明清时代的苏州，民风是雅致而不乏弹性的。苏州人对城头变幻大王旗的政治并不像金陵或者北京那样敏感，他们不太在乎崖山之后到底赵家还能不能夺回天下，也不在乎朱家王朝是不是还留了个三太子什么的遗孤。太湖丰饶的物产和隐逸文化的滋养，让他们能够比较平淡达观地看待王朝的更替兴衰。

但接下来，苏州人还是爆发出了一种特别的怒火。

一切皆源于"留发不留头"。1645年，这一年，这句话让反清的火焰席卷江南。那些"哪亨拉"（苏州方言，有"怎么样"的意思）的腔调变得迅猛异常。吴越争霸、项羽八百江东子弟兵的热血再度沸腾。追求平静、

横卧于人民路上的饮马桥

自足、自由的世俗生活方式，是苏州人的信仰，这种信仰虽然柔软，但是骨子里有一种倨傲——皇权纵使是个千年的铁门槛，也终有腐烂的一天，但是一家一户年年有余的生活方式，却可以花开万年。皇帝可以换，"身体发肤，受之父母，不敢损毁"的生活方式决不可改变！剃发不啻是刨祖坟，不但刨了自家的，更刨了苏州的祖坟，谁动到苏州人的世俗生活，谁就捅了马蜂窝。

剃发令下，史籍载"时有福山副总鲁之屿者，字瑟若，首先倡拒。乡兵四起，头缠白布"。

苏州生员陆世钥也率两千义兵头裹白布，攻打苏州，连太湖湖匪赤脚张三也闻讯响应。"白头军"在阊门击毁清军兵船，火烧吊桥，苏州老百姓上街帮助战斗，布置路障阻挡清军，将悍将土国宝堵进了瑞光塔。

然而最后悲剧的结局是可以预见的。

五天后，土国宝终于等到援兵，多尔衮下令屠城。苏州平民被杀十万有余。杀人放火掳掠妇女，苏州变了地狱。

在南园啸客《平吴事略》记载里这段史实是这样的："未几，都督李公至，土国宝必欲屠城。李知西北民居稠密，与土国宝分阄。二阄俱写东南，土国宝拈得东南，遂由盘门屠至饮马桥。"明清苏州是世界级的大都市，人口稠密，即便如上所说仅屠半城，也足可以血流漂杵了。

然而，将军们捻阄决定屠杀，还有用赌场赌棍的小聪明来决定一城人死还是半城人死的纪录，怎么看也有些荒唐。

于是在市民们口耳相传中，一个传奇就在那天夜里诞生。

据说已经红了眼的土国宝自盘门杀进城，一路血流成河。到饮马桥还意犹未尽之时，却看见火光中，一红脸长髯怒发冲冠的战将，在烟火中从桥另一头冲天而起，跃马横刀。

这一来，土国宝大惊失色！身后清兵也纷纷慌忙下马跪拜。

在杀人若疯的那一刻，唯有关公显灵，才能震慑住这群暴虐的军人；同时，也只有忠义千秋的关公，才能让叛明的贰臣土国宝心中升起一丝愧悔。

总之，土国宝马上命令退兵。一场原来已经无法控制的全城屠杀，变成了半城杀掠。

但实际的"关口"是什么呢？

说书先生们此时会带着嘲弄的口气将包袱甩响：吓，啊呀那哪里是关公显灵，实际上是那晚莲花巷有两个醉汉吃醉了酒，发了酒疯，糊里糊涂半夜从庙里将关公塑像抬到了桥上，无意中吓退了清兵。死诸葛吓退活仲达，区区一个泥胎吓跑两万清兵。

传说到这里，听众都松下一口气。刚刚悲剧的压抑气氛被小小的精神胜利法带来的喜剧性效果所冲淡了。大家终于可以放心笑了——还有一半人可以活下来。老百姓的智慧，就是可怜人在想哭的时候，都是笑着的。

但那夜土国宝到底看没看见关公，老实说是个不难判断的命题。兵荒马乱，谁有心思吃酒到大醉？一个泥胎真能吓退一群虎狼？也许真是关公像在桥上，但真正能吓退一群杀红了眼的刽子手的，只能是众志成城的人们更红的一双双眼睛。

顺便一句，六年后，顺治八年（1651），时任江宁巡抚的土国宝因贪墨罪畏罪自杀。没有人知道那夜他到底看见了什么。

一座"草头百姓却不可夺志"的桥

千古兴亡多少事？悠悠的历史，如不尽的长江水，滚滚流动。

苏州是一座属于百姓的城市，遥远的帝王权力和政治纷争能够主宰天下，却未必能够掌控这座城市俗世生活的心灵。匹夫不可夺志——坚定地过好世俗小日子，讲德行，不折腾，自由自在——虽然不是大志向，但如果人人都做到，起码天下也太平了。

苏东坡在苏州待过，给一个朋友写了诗：

帝城如海欲寻难，肯舍渔舟到杏坛。

剥啄扣君容膝户，巍峨笑我切云冠。

问羊独怪初平在，牧豕应同德曜看。

肯把参同较同异，小窗相对为研丹。（《次秦少游韵赠姚安世》）

明代"洪武志"记载："饮马桥，郡人方士姚安世所居。安世能诗文，亦辩博，自号丹元子。元祐末，往来京师……苏子瞻一见奇之，以为异人，又称其诗有谪仙风采，屡赠以诗。"

就是说，饮马桥头在宋代时，有一位隐士或者学道的人姚安世曾住过。苏东坡见识广博，但还是为他的修养而倾倒，一首诗旦，又是引用纪念孔子讲学的杏坛比喻，又是用"带长铗之陆离兮，冠切云之崔嵬"的屈大夫切云冠来暗示，最末一句"研丹"，是掉书袋掉到佶屈聱牙——《吕氏春秋·诚廉》曰："石可破也，而不可夺坚；丹可磨也，而不可夺赤。"——你志向坚定高远，谁都动摇不了。

姚安世的来龙去脉，我们今日已经不甚了了，但是每日依旧承载了那么多的人世往还的饮马桥，虽然不算特别美丽动人，却毕竟已经如不可夺赤的丹色一样，坚守着草头百姓的生活信仰——也许喧闹，却总不会让闲事在心头挂过一夜；未曾深沉，但却达观，善于苦中作乐。这是一座心宽体胖的短桥，世俗也出尘。当一阵炫目的历史尘沙席卷而过，再抬头，你会发现上面走过的人和桥下流经的水，早已淡定许多。

乐桥：一条生死的准绳

刑场，乐桥原来叫"戮桥"

俗话说，有法就有刑。大幕开锣的地方是公堂，谢幕就在刑场。

哪座城也得有这样一个地方。只不过有的大张旗鼓，有的偃旗息声。杀人当在菜市口！十八年后又是一条好汉！这是老北京的话，高腔十足，却总带了些看客热闹的乱哄。到了老苏州，它却不言不语，多少往事默默咽了下去。

古今多少事，独独这个你绝没有办法将它一付笑谈中。

横跨干将河，南北连接人民路中段，干将路与干将河道在桥下东西逶迤而行。乐桥，这是苏州最著名的单孔石古桥之一——公元239年，也就是三国吴国赤乌二年，它就诞生了。唐代《吴地记》、明代《姑苏志》、清代"康熙志"和"乾隆志"中老有它的身影，在苏州，乐桥算得上是老

资格。

俗话说，人的名、树的影。乐桥有这样的出身，也算可以乐一乐，不过这身影真心不太高兴。

因为乐桥是刑场。一声惊叹，看客分开八片顶阳骨，顷刻间泼下半桶冰雪水；一刀痛快，了却半生恩怨与罪孽，血洒一地便付浊流滔滔。这就是乐桥眼中的世界。

乐桥原先一定有个美丽平和的名字，但人们恐怕已经忘了，"乐桥"一叫叫到今天。

被杀的人是不会快乐的；申冤昭雪的人，也是不会快乐的；看杀头的人，心中惶惶然，更不会快乐。叫它"乐桥"，只是因为它曾经的真名叫"戮桥"。

刀大杀人多，天天屠戮之地，当然是"戮桥"。

现在走上乐桥，视野开阔，心旷神怡。一步横跨干将路，也曾南北划开平江沧浪两区。桥下走几步就是古旧书店，买一本仇十洲的《清明上河图》高仿本，很实惠，打开来一看，北宋汴梁早就成了苏州的大街小巷，人人带着笑脸，洋溢着对生活的缤纷的念想。流水般的交通，远近的风景，记忆如画卷联翩翩开。

这里曾是这个老城的中心，热闹一时。自三国孙权起，这里就成了苏州存在时间最长、最有名的刑场。据说那时还建了汉萧王庙。因为萧何制律，阳谋阴招一箩筐，哪个怨鬼不害怕？

冤鬼厉鬼还没有"考证"出来，但人们却是"怕"了。所以翻翻地方志书，关于它如何血光四溢的记载却太少。苏州到底不是一个"乐"见行刑的地方。

苏州有这样的习惯：如果回忆有点不堪，或者有点"俗"，那么大家不约而同就将它"雅化"。比如本来叫"羊肉巷"的，太俗，非改成"养育巷"。眼前这座乐桥，原名叫"戮桥"，嫌太血腥，太煞气，干脆谐音改成"快乐"的"乐"，"乐桥"得名。

阳光下乐桥只是沉默。尽管有许多人笑着走过。毕竟，无论怎么改，这里都曾是刑场。一切复杂的人际关系，纷扰的名利声色，在这里，全部都被一刀简化为生和死。也许本来就这么简单。不，也许的确很复杂。

一出戏，半江瑟瑟半江红，多少楼台烟雨中

一个秋后阴郁的中午。午时三刻，号炮已响。戮桥周围已围满了人，屏了声息，并不像往日看斩时候般热闹。

刽子手伸手抹掉额角的汗，有点不解，不就是一刀的事吗？怎么还不勾朱投签？

犯人或者刽子手现在都已经不再是戮桥的主角，上千双眼睛盯着刽子手背后那个端坐桌前、犹豫不决的监斩官。

朱笔三落三停。几百年后，人们对这一刻那个官员的犹豫，评价却远远高于许多所谓"乱世需用重典"的雷厉风行。

这个官就是况锺，朱笔三落三停，不仅留在了史书上，还留在了人们的口耳中。"老大人爱民如子不虚传。他二人洒泪叩头下堂云，众百姓齐呼况青天。这正是况太守巧断十五贯，为民平冤美名传……"

昆曲《十五贯》里头现在还唱着：卖肉的尤葫芦喝醉了酒，被赌棍

娄阿鼠谋财害了命。糊涂官断葫芦案,尤的养女苏戍娟和过路人熊友兰,被无锡知县过于执问成死罪杀头。旧时候苏州是府,县里的死囚都得送到苏州吃刀,知府况锺受命监斩,却发现疑点,勾朱斩首,下笔三落三停。最终停刑重审,化装私访,捉住真凶娄阿鼠,平反冤狱。

戏文太好了,以至于20世纪50年代,《十五贯》昆曲风行全国大江南北,有了"一出戏救活了一个剧种"的说法。

在有关乐桥的典故中,这是一个开局有些残酷,但结局温暖而热烈的故事。戏曲有传奇成分,却不是无事生非。

《明史》中记载,况锺确是一位典狱高手,并且非常负责勤勉。在他任苏州知府前,前任知府对讼案"累年莫决,囚多死于淹禁",况锺走马上任之后,立刻清查冤狱。这个一生只有短短六十个春秋的官员,从断狱风格上就能看出他的工作、生活是怎样的一种"过劳":明代苏州府下辖"七县一州",即吴县、长洲、常熟、吴江、昆山、嘉定、崇明和太仓州,况知府在完成其他工作的同时,一个县一个县地轮流审问案件——不是过问,是夹着案卷亲自上阵——短短一年时间,"勘部过轻重囚一千一百二十余名,吏不敢为奸,民无冤抑,咸颂包龙图复生"。以至于距他过世近一个半世纪后,苏州明代著名文学家、掌故家、出版家冯梦龙,在收集整理民间轶事素材创作的《警世通言》中,还专门辟出一篇《况太守断死孩儿》,赞扬"况青天折狱似神"。到了清朝,苏州吴县戏剧家朱素臣又让况青天出场,担任监斩官救了一对青年男女的命,这就是《十五贯》。需要指出的是,剧作中,案子也发生在无锡,因为苏州是当时江苏巡抚治所,而秋决一般是将罪犯付治所执行死刑,所以剧中刑场也为乐桥附近。到清朝时期,刑场才转移到水运交通更加发达的苏州南浩街万人码头。

确实,罪大恶极的死去,于无辜者,应该欢欣,但苏州性格比较温厚，更想看到冤屈得伸，好有好报。是的，毕竟，人命关天。

宋代《吴郡志》记载，乐桥东南有"花月""丽景"两座高楼，都是宋代淳祐十二年（1252）建筑的，美轮美奂，繁华一时。而后来的清末民初时代，乐桥沿途的察院场、护龙街（今天的人民路）等地，成为繁华之地，有"吃煞观前街、看煞护龙街"之称。闹市杀人容易立威，也容易起震慑作用。无奈在热爱生活的苏州人眼中，这种"乱世须用重典""大将生来胆气豪"的做派，看似雄伟，但难以判断正误，容易造成错假冤案，实在不如对公正、宽容、仁慈、和谐社会秩序生活的呼唤、构建来得重要。

幸好有况锺，硬顶着抗上，也要坚持疑罪从无原则。朗朗青天下，人们改"戮桥"为"乐桥"。这不是阿Q精神，不是粉饰，不是回避，而是有根有据，向往更美好未来的理想。

苏州之心，乐桥是一条准绳，乐桥不乐，戮桥不戮

乐桥虽不算大，但却是一个独特的存在：准绳。

就像一条准绳，它将古城当下最主要的交通干道干将跨一分为二：桥西为干将西路，桥东为干将东路。

历史上，这条准绳一样的桥，还度量了很多地理和历史的风物，譬如中分苏州核心的长洲、吴县二县：乐桥居中，居东的地域，就属长洲县；居西的地区，属于吴县。《吴郡志》里说得更加直接："今以正中乐桥为准，分而为四达，随方叙之。"也就是说，以乐桥为古城的中心，乐桥东南，就是苏州城的东南；乐桥西北，就是苏州城的西北。

界定四隅，就界定了方位，地理位置稳固，名正则言顺，身正则立行。

这就像一个暗喻或者象征，如果苏州城是华夏大地的一个文化缩

影，那么确定了华夏八方四隅的中原腹地，就是乐桥在苏州城的位置。

乐桥，是苏州的心，是一条约定俗成的准绳——中庸不偏狭，传统不保守，开放不滥情。

慎刑。

这实际上是中国自古以来人本主义"慎刑"思想的一个典型表现。秋冬行刑制度、朝审制度、秋审制度，尤其是死刑的复核、复奏制度……周朝就有了赎刑制度，"五刑之疑有赦"——对适用五刑有疑义而应予赦宥的案件，均可折为赎刑方式免死："大辟疑赦，其罚百锾，阅实其罪。"锾是西周时期货币铜的单位，一锾相当于今天的六两。这是社会经济迅速发展，对人命其贵认识加强、法律制度也日益发达的表现。而从隋朝隋文帝开始，死刑案件的批复和执行，就需要奏请皇帝定夺。到了唐代死刑又有了"三复奏""五复奏"的制度。

到了况钟所在的明代，朝审制度确立，即便是最边远地区的死刑案，也要由皇帝派官审录后详细回奏，并必须得到皇帝批准才能施刑。昏肩如几十年不上朝、一心修道打醮的嘉靖皇帝，在勾朱人犯问题上却从来都是亲自过问，一一亲笔。苏州人最敬仰的清官之一海瑞，当年上书骂嘉靖，最后还是在皇帝与朝臣的权衡再三下才没被执行死刑，熬到出头日。

以人为本，仁者爱人。

于是这便有了苏州"戮桥"的更名，有了小小监斩官况钟在《十五贯》中决心一口气推翻"原审、复审、朝审三审定铁案"的"慎刑"。

这需要一个社会中的法律机构及工作者，对律法、体制进行不断健全修正，同时还要对自身素质的提高做出不懈努力。苏州人用昆曲千呼万唤的不仅仅是青天老爷况钟，更是拥有彻底保障人民权利决心的法制时代。

时代的分水岭上，一座乐桥横跨两岸，我们拾级而上，观望昨天和明天。陶渊明《移居二首》里说：

昔欲居南村，非为卜其宅。

闻多素心人，乐与数晨夕。

诗歌有些久远，带了些古朴的味道。

日日走过乐桥的纯朴苏州黎庶，用口耳相传的传说和事迹，用改名的方式，搭建了一座精神上的桥——地理的准绳、历史的准绳、生死的准绳、良心的准绳。

乐桥，你做得已经很好，可以面对这个世界，笑一笑。

宝带桥：此日中流自在行

一千二百年，长长桥的长长根

宝带桥，玉带横波。千顷碧波荡漾白玉板的样子，只有真切地站在上面，才能真正体会得到。那些组成这座石桥的石头，古朴方正，典雅高贵。

这是一条长三百一十七米、面宽四点一米的玉带。桥下五十三孔，孔孔薄墩连缀，桥北第十四到十六孔加大，第十五孔最大，净跨六点九五米，矢高七点五米。其余五十孔，平均净跨约四米，矢高约二点零五米。拱券为纵联分节并列砌置，每孔由五排拱石和四根龙筋石筑成，每排由七到九块拱石组成，除顶部一排拱石为方形外，其余拱石为长方形。石条之间疏密有致的秩序，传递着中国文化中的数学之美。

桥体用料以花岗岩为主，间杂有青石和武康石。一千二百年了，这座古桥历经风雨，有着太多的掌故，以至于每一块砖石的刻痕，都凝结了历史的钩沉。因桥身之长，桥孔之多，结构之精巧，成为中国现存最长、桥拱最多的联拱石桥，是中国十大联拱名桥之一。

站在宝带桥上，就如同站在一个老人面前。你拍照，你破土，你在上面蹦蹦跳跳，八抬大轿鸣锣开道，想引起他的注意，但他早已看淡世

事，浮云苍狗，甚至懒得付之一笑。日暮寒鸦和朝阳白帆，它已经看了近一千二百个春秋——王朝更替过那么多，一时间轰轰烈烈看他起高楼，又眼见他轰轰烈烈楼塌了，欢喜的且叫他高兴下，悲伤的且让他悲一会儿，但对宝带桥来说，最重要的是一早一晚的朝曦与暮色，天上的启明和长庚，周而复始，亘古不变。

宝带桥，始建于唐元和十一年至十四年（816—819）。

今天的风景，却是曾经的利民工程。宝带桥的建造，同中国历史上的漕运关系十分密切。苏州自古是鱼米之乡，隋炀帝开凿大运河，经过苏州的这段被称为江南河，通过这条河，这位聪慧绝顶而又有雄心壮志的帝王，将江浙粮食和珍宝大量运往京都，充实他自己的美好生活。到了唐代，江南漕运已经空前繁忙，背纤是重要的行船手段，但苏州到嘉

兴这段运河，秋冬季节西北风盛行，尤其在澹台湖与运河交接处，有个宽三四百米的缺口，风高浪急，纤夫如何才能过去？

照理说，既然是国家工程，自然应该填土作堤。可是，这填土作堤便利漕运的同时也就切断了诸湖经吴淞江入海通路，挡水路不说，还容易造成灾害。

对主政一方的地方官来说，这是一个两难的选择：要上利国家，就可能要损失民众的利益；要下利百姓，就要和给自己这顶乌纱帽的朝廷过不去。时任苏州刺史的王仲舒，并没有使用官场法宝"拖字诀"，两难之下也做出一个决定：建桥。建桥可以纤行两用，两难自解。国家利益要坚持，老百姓利益也得坚持才行！

有人会说，这叫什么主意，谁都想得到。

对，想很容易，可是要论做，就未必容易。

填土做堤的工价成本和修建一座挑战建筑历史纪录的桥的造价，这笔账你一看就知。当时的苏州，并非后世宋明时代的世界级大都会。宝带桥修好后六年，白居易主政苏州，大修阊门到虎丘的山塘街白公堤，也是排涝交通两用的基础设施建设。可知这是正在为后世苏州繁华打基础的经营期。

说了这么多，就一个意思，当时政府没钱，更没有这个预算。从上面要不下来，又不能从下面抠老百姓的口中食，于是王仲舒只剩了"公益募捐"一条路了：富豪们，起来嗨！

他率先捐出自己家传玉质宝带以充桥资。当富豪的，尽见过往自己裤腰里塞个没完的官，还真没见过几个把自家裤腰带松下来捐了的，委实感动，不感动的也不好不动，于是纷纷解囊。桥建成后，苏州人为纪念这位扒了裤腰带捐修桥的刺史的功绩，故称此桥为"宝带桥"。

榜样的力量是无穷的。

明"洪武志"记载，"舟车往来之冲桥界澹台湖，故木不能支，久过者危之，绍定五年郡守邹应博始易以石"。宋代是石质桥梁开始勃兴的年代，宝带桥升级为更坚固耐用的石桥。

明《姑苏志》记载："（明）正统间，巡抚侍郎周忱又为修治。"修治后的宝带桥"长千二百二十五尺，洞其下可度舟楫者凡五十有三，而高其中之三，以通巨舰"。明代著名经济学家、能臣周忱，接过前人的接力棒，修治宝带桥，所形成的形制与规模，保持至今。同样的，这次改建，也是中国首次建造柔性墩与刚性墩有机结合的薄性墩式桥梁，刚柔并济的"多铰拱"拱拱相连——应该说，这是一座超前的桥，因为现在世界上许多现代桥梁的制桩技术，大多是在"多铰拱"基础上发展而来的。

清"乾隆志"记载："康熙九年大水冲圮，十二年巡抚都御史马佑、藩司穆天颜、知府宁云鹏各捐俸重建。"为诗人徐崧所赞叹："澹台湖在具区东，利涉全资宝带功。山对楞伽邀串月，塘连莳水捍冲风。石狮对坐行人过，水鸟群飞钓艇通。乱石圮崩谁再建？捐资直欲媲王公。"

清"同治志"记载，"道光十一年，江苏巡抚林则徐主持修治"。林则徐是个精细人，也以清廉著称，《太湖备考续编》记载，"工料银六千六百七十有奇"，工程费用明细账锱铢必较，有案可查。

山不在高，有仙则名；水不在深，有龙则灵。斯是一桥，唯官德馨——桥不在长，有好官比什么都灵。这是宝带桥的幸运，也是苏州人的幸运。

公元816年，在人前解下家传玉带的王仲舒，这个《滕王阁记》的作者，因为王勃《滕王阁序》的"落霞与孤鹜齐飞，秋水共长天一色"而沦为配角的唐朝文学家，以一座同样可以落霞孤鹜齐飞、秋水长天一色的桥，以一座为民谋生、为民鼓与呼的桥，而被记载进世界文明史的图册——虽然他当时并未曾这样想过。

好风景，在人，在桥？

明景帝时期的首辅、华盖殿大学士陈循（1385—1464）曾专门撰写《重建宝带桥记》，宦海沉浮的老官说了一句大白话：

夫为政之道在于惠民，惠民之事苟有所当为，虽圣贤亦未尝嫌于劳而不为。孔子言政之美而曰："惠而不费，劳而不怨。"

浅显直白，但耿直有力，简直就是一句顶一万句的"官箴"：立志当官的人哪，政治的道，就在于"惠民"，让老百姓得实惠，要"有所当为"，有担当，敢负责。即便是历代被敕封在庙宇中享受香火供奉的圣贤，也不曾因为嫌弃这样做要殚精竭虑而放弃这个责任。让百姓得实惠，但却不必靡费民脂国帑；要任劳，却不能自持得功而抱怨。

王仲舒、林则徐的可贵，正在于他们是这个封建时代官场的异数，风骨奇丽，但却木秀于林，而偏有林间八方袭来的野风。

有了他们，老百姓终于可以过桥了。从困顿的一边，走向不算困顿的另一边。

汉字博大精深，这一点，在苏州地方语言的语汇里，有着极为精彩的表现。

就比如"桥"。吃浇头面，北方人叫"打卤"，各种作料，肉或菜炒制成各种浇头，厨师会一大勺直接扣在面上，与汤水、面条三位一体地给你端来，但苏州就不然。汤面是汤面，浇头是浇头，丁是丁，卯是卯，绝

不能瞎七搭八地"胡搅蛮缠"在一起，浇头必须住在一个细瓷小盘里，吃的时候一口面，一口汤，一口浇头，吃得条理有致、层次鲜明，每种味道都细细体察，心境也熨帖得清清爽爽。这种用筷子夹起小碟中的浇头放在面上或者口中的动作线，因为形似一道长弧，跨越了阻隔美味的空间，而被苏州人形象地称为"过桥"。

然而不是所有的"过桥"都是这般风趣幽默，风轻云淡。

对于社会的芸芸众生而言，柴米油盐酱醋茶的生活，顺遂了，就算是跨过了河，也跨过了"坎"；要是过不去，就非得有人帮助才算跨过去，这也是"过桥"。

既然要过桥，就先看看桥前面是什么。

春天的草长莺飞，在没有桥栏的宝带长桥上沐着暖阳，桥还是桥，

有灰黑色翼尖的水鸟凌空掠过水面，然后擦着你的肩膀翱翔到天空。

过去人有一些说法：宝带桥究竟是五十三孔还是五十二孔总也数不清。有人说，这桥是八仙看人们搭桥辛苦才出手相援的；又有说是水怪被镇于水底。是神迹嘛，你当然数不清。桥上日日走过的长者笑笑：清不清，数数就好了嘛！

数数，数数，数不清。数到一半眼睛就花了，风一起，好像桥孔就被吹乱，在风里犹如摇摆的树叶。实际上，摇摆的是自己罢了。长者说：看见桥上的狮子了吗，几公几母呢？

石狮子还分公母？

——抱崽的是母，耍绣球的是公。

那么石塔在水中荡漾，这是为何？

——石塔是用来计量水位的，是古人判断水文的度量衡。

夕阳西下，石狮与石塔安然相坐，有小舟荡漾，宛如一幅油画——遥远的远处是车水马龙的大桥，人声鼎沸好似天外的世界。

耳边冥冥中响起了元代僧人善住荡漾如水的吟哦：

借得他山石，还摒石作梁。

直从堤上去，横跨水中央。

白鹭下秋色，苍龙浮夕阳。

涛声当夜起，并入榜歌长。

轻舟唱晚，渔樵问答，王朝的忽兴忽灭恍如水中漂浮之羽毛，而桥畔的人的俗世生活，却如中流的石塔，矗立水中永恒不倒，无论浮华与质朴，无论春秋冬夏。

市井琐屑

　　井的存在，比城市要早；井的历史，比社会更深。生活在街市上的芸芸众生，从来就没有简单的情愁爱恨。有人，于是有井；有井，于是聚拢人群；人们相聚水边生息，因而城市不止。在井边问候，在井边争吵，在井边生长，在井边衰老。相聚成家，背井离乡，用"泉"定义井，给德行盖一个"苏州制造"的戳：干净。

古井苏州：井井然，井井自然之序

说苏州是水城，尚有威尼斯来争锋；但倘使说它是一座建在井上的城，恐怕就可以笑傲天下了。这实在是苏州的特产。

怎么说？

小囡唱儿歌：

出娄门，九槐村，井挑桥，桥挑井……

到苏州周边的村镇看看，那尚在自然生活状态中的井和乡邑，比如黎里，柳亚子故居不远的一座桥下，赫然一口井离岸基很近，抬头就是桥身。"井挑桥"，就是指这样桥底有井的意思；所谓"桥挑井"，在古城太常见，一座桥两堍都有井的意思。如果赶到天色尚好，又有微风，那么从上空看，波光晃动，桥面就像一根细长扁担颤悠悠，两堍各一个青色石井，好像同样青色竹篾编制的篮筐。

篮筐在日光下的反光，好像在晃晃悠悠，好像一个个摇篮。摇啊摇，摇到外婆桥，摇篮里安睡着这个城市不染尘埃、最纯粹的心。

井的存在，比城市要早；井的历史，比城市要深。为着生活的井，比为着政治、军事和经济的城市，要有资历得多——《苏州市志》载，留存至今，苏州最早的水井，应当是在盘门瑞光塔西发现的一口唐井；而更令人震惊的是，2001年，苏州考古队在独墅湖底东部近岸处发现了一处东

西长约五十米、南北宽约四十八米,面积两千四百平方米左右的古村落遗址,通过对湖底约三点二平方公里范围的抢救性发掘,发现古代水井三百四十一口,大部分为良渚文化遗迹,其余分别为崧泽文化、马桥文化和东周、汉至六朝、唐宋时期的遗迹。时间跨度从五千三百年前的崧泽文化时期一直延续到八百多年前的宋代,有新石器时期的木圈井,也有汉代陶圈井、唐宋砖井……

商代甲骨文里,井的形象是这样一个图像:井

象形文字比较容易看懂,这个"井",就像是两纵两横构成的方形框架。有专家说,这是人在地上开凿的、用来汲取地下水,并且拥有方形护栏(也就是井圈)的人工水坑。

后世的一部分金文,书写的时候,在方形的井圈中加了一点,当作指事的符号,成了:井

意思是说"坑中有水"。篆文承接了这一个意思,直到秦统一以后发明了隶书,指事符号再次去掉,成了今天的字形。

《说文解字》里是这样描述"井"这个字的:井,古制八家共汲一井。井字像木头纵横构架的形状,像汲瓶的样子。一口井边上八家人,就是个井田制的九宫格——至于发明者,据说就是那个协助大禹治水有功、被大禹定为继承人的伯益。

这种摇篮一样的井,在苏州数量丰富的时候,比如清朝前期,就有两万多口。有说法,清初苏州城内人口五十几万人,一摊下来,平均二十五个人一口井,真是家家有井,比之于"古制八家共汲一井",又不知富贵了多少。苏州这座古城几乎就是建在井的上面的。《吴门表隐》中道:"平江路古名十泉里,有古井十口。"而十全街原名"十泉街"(因此地开凿十口水井得名),若不是乾隆皇帝南巡苏州,驻跸十全街织造署,因自号"十全老人"而谐音改了街名,现在恐怕人们还要在"十泉街"上

拙政园天泉。相传为元代大宏寺遗物。此井终年不涸,水质甘甜,因而被称为「天泉」。

找"十泉"呢。即便是现在，老城里也还有一千多口井历历在目，六百多口井依然发挥着作用。人们日出而作，日落而息，水汲出来，沿着大街小巷一路湿润过去，苏州老城好像细雨点染的山水画纸，被浮躁世风烤炙变得琐碎的宣纸，又在毛细现象的作用下渐渐湿润软化，糅在了一起。

复叠江山壮，平铺井邑宽。

人稠过杨府，坊闹半长安。

（白居易《齐云楼晚望偶题十韵兼呈冯侍御周殷二协律》）

苏州是一个市民的城市，生活是它的主调；苏州是一个文化的城市，人文是它的主调；苏州是一个如水的城市，繁荣的市井，是它存在的主调。白居易到底是在苏州见过四季的，也是见过世面的，他看得出井之于苏州的意义。

没有平铺的市井，就不会有稠密的城邑；没有稠密的城邑，何来壮阔的江山，何来——日出江花红胜火，春来江水绿如蓝？

井的深情：为爱，为义，为恩

井井兮其有理也，荀子说。

虽然荀子没来过苏州，但不妨碍这是苏州的脾气，一板一眼，规矩特别多。

比如一条街的公井井口如果暴露了，不一会儿你就会看见有人拿三合板或者老门板削出一个井盖安装在井圈上面，拍拍手，并不炫耀，转头就回家了。当你指着那个在盖子上面颇有创举性凿出的两个小孔，问这是什么的时候，他会说这是怕冬天井圈上积水把盖子冻在一起的缘故——真是体贴、细致得很。

最有趣的是石井圈上的凹槽，简直就是牛顿给两条小狗开两个小门的故事翻版。你到平江路上去，好多石井圈上凹槽条条，被岁月打磨得瓷器一样闪亮。很多人见了，都说：真是滴水石穿，打水桶的绳子上下扯动这许多年，石井圈上都拉磨出沟了啊！老石匠拍了膝盖直笑：这是我们凿的！专门用来让大家汲水时方便。你看，凹槽多整齐，这才见石匠功力哪。

没有这些沟，大家汲水好像也没有那么麻烦呢。

老石匠有点不解：那你不觉得光秃秃的井圈呆头呆脑的，难看？

正说着，身边汲水的人多了起来，水声哗啦啦啦。

苏州电汽厂第三公井在东美巷与大石头巷交界处，1936年4月，由苏州电汽厂捐助，原为四眼公井，现已改为三眼。

讲规矩的苏州人是爱井的。

2004年6月28日，苏州市第一个"苏州文化遗产保护日"，苏州市文物局与专家市民共同投票，选出了"古城十大名井"：

仓街"福寿泉"、道前街"青石古井"、海红坊"松寿泉"、范庄前"八角古井"、周王庙弄"周王济急井"、天库前"源源泉"、古吴路"官井"、史家巷书院弄口"坎泉"、石板街"流地颜泉"、玄妙观东脚门"怀德泉"。

但单靠规矩和实用性，不能解释这样多的古井矗立苏州的原因。

讲规矩的苏州人更讲"情"。

比如柳毅传书。

咱们的苏州书生柳毅，一人旅居泾阳，傍晚外出，看见有年轻妇人在路边放羊，很可怜。戏并没有按才子佳人的套路来个惊艳，倒是给我们和柳书生看见了一个遭受家暴的小媳妇。她是洞庭湖龙君的小女儿，

位于苏州东山的柳毅井

嫁给泾水龙王次子，"神二代"不靠谱——她丈夫整天游荡，勾搭婢女，虐待妻子。这苦命女禀告公婆，却得罪了爱子如命的公婆，被罚放羊。她求柳先生帮忙，给洞庭湖家人递封求救信。但如此一来，这个姓柳的瘦弱书生必然要得罪地方权贵——注意，是泾水龙王家——那是地方实力派，"县官不如现管"的地头蛇神祇，而且正管着你这个外乡人呢。

苏州书生却不犬儒，有着"书牍头"的书生意气，义不容辞。有人说这也算不了什么，才子动情了呢。但大家可以实际想象一下，饱受虐待，又天天风餐露宿的女人会好看到哪里去，况且只见一面，还是黄昏模模糊糊的——到底是正义感使然罢了。

然后场景就是苏州太湖东山的柳毅井。书生从这里一头扎下去，跑到龙宫，替一个素昧平生的弱女子讨回公道。这样的人当然应该有好报，于是作者和读者自作主张，让他和龙女喜结良缘。现在到了现场，井上有隐隐的苔，一边是碑，明朝宰相王鏊写的。这个一脸古板的人也被这个书生打动。因为这根不畏权势的骨头，叫人叹服。

传奇总归是传奇，但就算是真正世俗生活里，也有爱情的踪影。清代钱大昕在《十驾斋养新录·孝弟》里记载："又盘门内西泮环巷石井阑上，有'孝夫某为亡妻何氏四乙娘'字，嘉泰元年正月刻。又府前西米巷石井阑，有'孝夫某为亡前妻黄氏十四娘'字，嘉定十七年十二月刻。是宋时有孝夫、孝妻之称。"

考据家考的是历史的称谓，是学术性的，但他无意中记录了一个个悲伤的丈夫，将一丝一线、淘米洗浆、素手羹汤的浓浓结发之爱，化成思念亡妻的淡淡文字，篆刻在了井栏之上。古人信奉因果，信奉来世，就让这口井和所有从这口井中接受恩惠的人，传扬你的爱和功德。

既有施恩者，当然有报恩人。

井的故事太多。但论说起来，故事又太简单。简单到简陋。现在苏州还有的千口井里，真正还在发挥作用并且清清爽爽的，并不是在园林里、私宅里防守严密的私井，反而是每天人们来往如织的公井义井。有井大家用，用得多，反而清澈，不知是不是达尔文说的"用进废退"的原理。

但有一个，公井义井，滴水恩，涌泉恩。

打个比方，就看看仓街的几口井。

仓街是明末至民国苏州的贫民窟，边上就是有名的"狮子口"监狱（1949年以后更名为江苏省苏州监狱），"饿煞仓街"的说法，就是从这里传出来的。苏州十大名井之一的仓街"福寿泉"，就在此地。这个位于仓街69号前的"福寿泉"，属于连体双眼井，是1934年家仁卫道观前东

巷口、在上海经营长泰丰钱庄的河北武安商人朱鼎彝，为母亲邵太夫人七十大寿出资开凿的，以为母亲增福积德。朱鼎彝是个出名的孝子，母亲生病，他就衣不解带，绕床不离，厚币煎药，诊视不惜。每次药熬成，朱鼎彝都是亲口先尝方敢跪进。整个井圈状若一个石盒，正面镌刻楷书"福寿泉"。"盒盖"上有两个圆孔供百姓汲水用。双眼井"福寿"双全，真是好口彩。

朱先生捐造的井漂亮，沈老板的井更实用。仓街136号门口一口井，井圈上刻着"沈惺叔民国二十三年"。这位沈老板，是民国时期苏州保大钱庄的老板，家住三茅观巷，因老来得子，于是发愿行善，在苏城捐建了十八口义井。岁月流逝，世事更替，但井仍存在，现在尚存六口，分别位于仓街、禾家弄、洪元弄、专诸巷、十间头和小日晖桥弄。

"洙泗泉"有话说。这个井圈形状为内圆外六角、井壁雕有花纹的

位于苏州仓街与邾长巷巷口的自治局官井洙泗泉

好井，象征着六合一统，解释了外刚内柔的精确含义。"洙泗"本为水名，即洙水、泗水，均在春秋时鲁国，孔子于洙泗之间，教授弟子，因此，"洙泗"成了"儒学"代称。苏州话"井水"与"进士"谐音，一口"洙泗泉"，一语双关，象征的是对穷街陋巷子弟可以通过读书成就事业的美好祝愿。井有多深，有多清澈，就映照出多高、多远的天。社会的上行通道只有时时疏浚不壅塞，寒门可以通过能力、才学来登天，一个社会才能有效运转，才能是一口"为有源头活水来"的好泉。好泉配好圈，六合一统就是可见的；反之，泉眼堵塞，死水微澜，六合也就只剩扒开重起炉灶的时候了。

市井的微言大义，经常展现在这些纤毫的隐喻之间。一个盛世的标准里，总有一口这样的井，六合八方的井圈形制下面，是如镜的水面。

井的境界：用敬畏，面对自然的大地山川

苏州是人间天堂，但毕竟受着自然法则的统辖。四季更替，井然有序。

唯有一个所在是自成一个洞天，这就是井。

南北朝的范云爱井，写过几首《咏井诗》：

乃鉴长林曲，有浚广庭前。

即源已为浪，因方自成圆。

兼冬积温水，叠暑泌寒泉。

不甘未应竭，既洞断来翾。

春来草长莺飞，夏至蝉鸣蛙噪，秋来气爽天高，冬去山青料峭。但不管外面的苍天给你什么气候，井却对你永远是一心一意的：天凉，井水一定是暖的，颇有春意；天热，井水一定是凉的，给你秋爽。冬天的时候，伸手触碰，流水无情的河水会咬你一口，留下冻疮；只有井水温和如许，打出来倒进木盆，柔顺如滑动的动物的皮毛。无怪乎中国最早的文言志怪小说、寓言一样的《搜神记》里，作者干宝说：水，殷德也；木，周德也；夫井，德之地也。所以养民性命而清洁之主者也。

古井。井身上可见「官井」
和「乾隆三十二千」等字

苏州有六百三十九口井被编入古井类名录。由于城市改造、水位变动等原因，许多古井已被废弃不用，或散落于街巷花草深深之处，但更多的井，还在发挥着生养万物的作用。每天清晨五六点钟，苏州的街市已经复苏。如果是春季，你隔窗看下去，邻居好婆已经在从街头那口老井里拎起水，洗越冬的衣裤了。三三两两的人围在四周，水声哗啦；从上空俯瞰，井口青衣一样的目光，秋波流慧。水从井里汲出来，又滋润到每

很多苏州的好婆热爱蹲在井边，一边洗菜、洗衣服，一边聊天

个人的眼里，用湿润温暖的眼光再看，苏州也水彩一样鲜活了起来。

很多苏州的好婆热爱蹲在井边洗菜。现代人崇尚快速便捷，足不出户享受净水器过滤的自来水岂不是更好，不是更干净更方便？

这时你必会被老人家批评和指点：洗衣洗菜总是要过一次井水的，地气，地气！

"地气"是什么呢？

"大地之气"。

无论你飞得有多高，总有双脚落地的一天。热爱大地，汲取大地之气，让血肉和骨骼与土地紧紧地活在一起。有老苏州人说，过去，苏州城的年初一，是要封井祭祀"井泉童子"的，人们摆上鲜果甜品，还要恭敬作揖磕头，用香火来感谢它一年来对人们生活的贡献。

实际上，我们这些生活在街市上的芸芸众生，从来就没有简单的爱恨情愁。有人，于是掘井；有井，而聚拢了人群；人们相聚水边，生生不息，因而成市。曾看到一篇文章，一个老游子回忆故乡：苏州人走出来，没有"乌勿三，白勿四"的。井是家的代名词。

低头看看井水，让氤氲的水气洗净你的双眼；再抬头看远处，水彩一样——满川烟草，一城井然。

不错，我们在井边问候，我们在井边争吵，我们在井边生长，我们在井边衰老。相聚成家，背井离乡，用"泉"定义井，给自己的德行盖一个苏州戳：

干净。

后记

苏州古城，像是一座已经存在了两千五百年的古老而崭新的图书馆。想认识它，你只能走进去，就如同在一个阳光晴好的午后，踱进幽深但天窗下通透明亮的藏书室，在一点神圣的静谧气氛里，手指抚摸过书架上鳞次栉比、触感不一的老书，朝圣般地选择一卷，然后被一头吸入其间，仿佛一叶舟，徜徉在由历史、记忆和传说构成的奇特世界里。

那一本本经过时光之水洗磨过的书，就是这座城市的街巷。每一条巷子都有它自己的味道，那是它和众多阅读、经历过它的人共同在岁月的研磨中炼化出来的。

那不是一种独自阅读的体验，那是一次与众多在这条街巷中生活过的人一起再次经历的过程。但更多的，是一种来自这个城市骨子里的情怀。

在悠久的中华文明与历史中，苏州古城，是一个很有个性的物质与精神存在。苏州很少时候属于政治和军事，绝大多数的时候，这座古城，是属于日出而作、日落而息的江南生民的。老百姓的生活方式大如天。街巷如水巷，脉脉流淌的人流，杂沓错落的脚步踩出一道碎玉缤纷。层层叠叠的脚步，就如飞叶落花在地上积攒的草甸，让这座城市荡漾在三生花草的睡梦中。

苏州人很细腻，从街巷里那些各种讲究的建筑、饮食，甚至公共空间里被精心侍弄的无主花草上就可以看得出。

这些年，听惯了关于苏州人"讲究多"的故事：有的赞，说这是风骨；有的酸，说是骄傲。其实都不是。一座已经坐看云起了两千多年的古城，并不打算用这些微不足道的"末事"去对外人炫耀或者进行一些食古不化的坚持。只是，在与命运和时光的不对等对抗里，它和它的街巷，一直在寻找一种苏州式的、拥有自我节奏的尊严。

这是一种源于人的自信和自尊。虽然它小桥流水，却也凌波直入大运河，并不孤芳自赏——苏州的底色里，到底有胸怀壮烈的春秋战国大风歌，他们关心家中疏影横斜水清浅的时候，同样关心风云涌动的长安一片月，只是日常生活的表达里他们更喜欢清风徐来的方式，甚至带点娱人娱己的戏谑。

百姓是城市的真正建设者、体验者、发展者。一座城市的生命，也是由他们来滋养、培育。城市的历史和传奇，更要他们书写。千年历代更迭，多少大旗倾覆，而古城兀自屹立不倒，就像一个自然法则，好人千古留名在街头巷尾，渣滓随流水被无情冲刷，在寓言中辨明是非，在戏谑中褒贬天下，雅俗共处，各美其美，美美与共，只为一个共同美好生活的梦想——这是一个由街巷构成的简单辩证法。

苏州古城，街巷魅力如斯。古城是中国的后花园，街巷更是人们安放心灵、桃花盛开的地方。

苏州，街巷，大天下。

谭伟民

2017年9月

图书在版编目（CIP）数据

街巷里弄 / 谭伟民著. — 苏州：古吴轩出版社，
2017.12（2022.7重印）
（典范苏州社科普及精品读本 / 盛蕾主编. 读城
行走苏州）
ISBN 978-7-5546-1092-3

Ⅰ. ①街… Ⅱ. ①谭… Ⅲ. ①城市道路 — 介绍 — 苏州
Ⅳ. ① K925.33

中国版本图书馆CIP数据核字（2018）第001094号

责任编辑：张　颖
见习编辑：周　娇
封面设计：陆月星
装帧设计：唐　朝　韩桂丽
责任校对：徐小良
责任照排：韩桂丽
图片提供：周仁德　吴万一　王稼句　于　祥　徐　荣　纪梦远
　　　　　徐　怡　唐伟明　张　颖　韩桂丽　王志珏
篆　　刻：卫知立

书　　名：读城 行走苏州 街巷里弄
著　　者：谭伟民
出版发行：古吴轩出版社
　　　　　地址：苏州市八达街118号苏州新闻大厦30F
　　　　　电话：0512-65233679　　　　邮编：215123
印　　刷：无锡市证券印刷有限公司
开　　本：905×1270　1/32
印　　张：8
版　　次：2017年12月第1版
印　　次：2022年7月第2次印刷
书　　号：ISBN 978-7-5546-1092-3
定　　价：48.00元

如有印装质量问题，请与印刷厂联系。0510-85435777

封面用纸：240g东方雅韵　内页用纸：80g雅质　金华盛纸业提供